AF314367

ACTE III, SCÈNE II.

LE PAYSAN DES ALPES,

DRAME EN CINQ ACTES,

Par M. Félicien Mallefille,

REPRÉSENTÉ POUR LA PREMIÈRE FOIS, SUR LE THÉATRE DE LA GAITÉ, LE 25 MARS 1837.

PERSONNAGES.	ACTEURS.	PERSONNAGES.	ACTEURS.
EMMANUEL PHILIBERT, duc de Savoie.	M. Chéri.	JEAN TARDY, paysan.	M. Jemma.
FRANÇOIS DE LA BAUME, comte de Montrevel.	M. Joseph.	THÉRÈSE, sa femme	Mme Chéza.
HÉLÈNE D'ALLINGES, comtesse de Montrevel.	Mme Camiade.	PIERRE, leur fils	M. Maillart.
		MADELEINE, leur fille	Mlle Camille.
SIMIANE D'ALBIGNY, chevalier de l'Annonciade.	M. Dorsay.	La Nourrice de la Comtesse.	Mlle Cécile.
		Seigneurs, Officiers royaux, Officiers de justice, Exempts, Gardes, Peuple.	

La scène se passe en Savoie, en 1560.

ACTE PREMIER.

L'intérieur d'un chalet. A travers le vitrage du fond, des montagnes couvertes de neige. Huit heures du soir.

SCENE PREMIERE.

JEAN TARDY, *lisant à une table placée un peu sur la droite ; à droite,* THÉRÈSE, *filant au rouet ; à gauche,* MADELEINE, *raccommodant des filets.*

JEAN, *lisant à voix haute :* « Et comme
» la pluie tombait avec violence, et que
» le tonnerre grondait dans le lointain, le
» saint crut entendre une voix qui disait :
» Mon Dieu ! secourez-moi. » Il s'arrêta
au milieu de sa prière pour écouter.

THÉRÈSE. Quelle heure est-il ?

JEAN. Pas encore huit heures...

THÉRÈSE. Huit heures ? et Pierre ne revient pas.

JEAN. Il aura trouvé dans la montagne

un bouquetin qui l'aura mené plus loin que de coutume... voilà tout.

(Il reprend son livre.)

THÉRÈSE. Je crains...

JEAN, *gravement*. Silence, Thérèse !..... (*Reprenant la lecture.*) « Il s'arrêta au mi-» lieu de sa prière pour écouter. Au bout » d'un instant, la mêmè voix répéta le » même cri ; alors le saint prit son bâton, » alluma sa lanterne et sortit de sa grotte « pour aller...» Madeleine, ma chère enfant, tu ne m'écoutes pas et tu ne travailles pas... A quoi penses-tu, Madeleine ?

MADELEINE, *se retournant*. Mon père, je regarde les nuages qui passent et la neige qui tombe, et j'écoute le vent qui gémit dans les sapins.

THÉRÈSE, *se levant*. O mon Dieu ! il se prépare un épouvantable orage, et Pierre ne revient pas.

JEAN, *se levant aussi*. Allons! pas d'inquiétude, femme...,. l'inquiétude inutile offense Dieu. Pierre connaît le ciel comme un aigle, et la montagne comme un chamois... Il serait plus aisé de m'égarer dans ma chambre que lui dans le Buet.

THÉRÈSE. C'est vrai, c'est vrai... Pauvre enfant ! il tombe bien de la neige.

MADELEINE. Et tu sais, bonne mère, qu'au dire même de toute la jeunesse, il n'y a pas, du Nant-d'Orli à Courmayeur, un cœur plus ferme et un pied plus sûr que le sien.

THÉRÈSE, Je le sais bien... je sais que c'est un fort chasseur; mais j'ai le cœur serré. Ma lampe s'est deux fois éteinte, et j'ai entendu cette nuit des bruits dans l'air, qui semblaient être les plaintes d'une ame en peine. Il y a trop long-temps que nous sommes heureux, vois-tu, ma fille..... et je sens planer un malheur sur notre humble maison... Voilà trois jours que Pierre est parti, et il avait promis de revenir aujourd'hui... où donc est-il mon fils?

JEAN. Bien près d'ici, peut-être, et ne songeant pas à mal?

THÉRÈSE. Que Dieu t'entende !

JEAN. Laissez-moi l'appeler. (*Il ouvre la porte du fond et sonne de la trompe.*) Ecoutons...

(Ils écoutent.)

THÉRÈSE. Rien.

MADELEINE. Vous n'avez pas sonné assez fort, mon père... plus haut, si vous pouvez, je suis sûre qu'on répondra.

JEAN. Ecoutez..... (*Il sonne plus fort.*)

(Un instant de silence; puis on entend un son de trompe dans le lointain.)

TOUS. C'est lui !

JEAN, *tombant sur sa chaise comme en défaillance.* Dieu soit loué ! voilà mon Pierre ! (*A Thérèse.*) Embrasse-moi, ma vieille.... Je craignais de ne plus le revoir.

THÉRÈSE, *l'embrassant*. Pauvre Jean !... comme te voilà pâle...

JEAN, *se levant*. Ce n'est rien ; donne-moi le bras comme au jour de nos noces, et allons au-devant de lui.

THÉRÈSE. Allons bien vite.

MADELEINE. Il fait trop mauvais temps pour sortir, mon père... laissez-moi aller seule.

THÉRÈSE. Non... tu es malade, toi.

JEAN. Et nous nous portons bien..... en route !

(Il veut sortir.)

MADELEINE. Prenez au moins votre chapeau, mon père.

THÉRÈSE. Ah ! oui, Jean, ton chapeau.

(Thérèse sort seule.)

JEAN, *revenant*. Allons, donne.

MADELEINE. Là !

(Elle lui donne son chapeau.)

JEAN. Eh bien ! Thérèse ! Thérèse... attends-moi donc.... Voyez-vous cela? elle l'embrassera la première.

(Il sort.)

MADELEINE, *le suivant à la porte*. Ils n'iront pas loin maintenant... Pierre marche vite..... Eh! mon frère ! mon frère !..

(Pierre entre, Madeleine lui saute au cou.)

SCENE II.

MADELEINE, JEAN, THÉRÈSE, *et entre eux deux* PIERRE, *vêtu en chasseur, l'arquebuse sur le dos.*

PIERRE, *embrassant Madeleine au front.* Bonsoir, bonsoir, ma petite Madelon...

MADELEINE. Donne-moi ton arquebuse.
(Elle la lui prend.)

THÉRÈSE. Mets-toi là, auprès du feu, et sèche-toi... Si tu changeais de pourpoint !

PIERRE, *se secouant*. Ce n'est rien, ma mère, l'histoire de se secouer un peu... et voilà tout. Et, vous autres, comment allez-vous depuis trois jours que je vous ai quittés?

JEAN. Bien, comme toujours... excepté Madeleine qui a été souffrante.

PIERRE, *lui prenant la main*. Qu'as-tu donc, chère sœur?

MADELEINE. Un peu de fièvre par momens... ça se passera... c'est passé depuis que je t'ai revu.

PIERRE, *la caressant*. Pauvre mignonne !

JEAN. Si nous soupions !...

THÉRÈSE. Oui, soupons, Pierre.

JEAN. Mets la table, Madeleine , et dépêche-toi... voilà un gaillard qui doit avoir deux mots pressés à dire à la marmite et quatre à la bouteille... hein, garçon ?

PIERRE. Merci, mon père , je n'ai ni faim, ni soif.

JEAN. Nous verrons ça.

THÉRÈSE. Tu n'es pas malade ?

JEAN. Lui... malade !... allons donc !... ça se porte comme le Mont-Blanc, ces jeunes gens-là... Et la chasse ?

PIERRE. Je n'ai rien tué.

JEAN. Ah ! Pierre ! Pierre !... tu te négliges... Depuis un mois tu ne rapportes plus rien de tes courses , et cependant tu passes des journées et des nuits entières dans la montagne... Pierre, tu fais quelque chose que tu nous caches.

PIERRE, *vivement*. Rien, rien, mon père... mais que voulez-vous? on n'a pas toujours le même bonheur à la chasse... et puis mon arquebuse ne vaut plus rien... les ressorts en sont usés. Aussi je veux partir demain, sans plus tarder, et même ce soir, si le temps se remet, pour Chambéry, afin d'en acheter une meilleure.

MADELEINE, *laissant tomber un plat qu'elle tenait*. Tu pars ?

PIERRE. Oui.

MADELEINE. Ce soir ?

PIERRE. Oui.

MADELEINE. O mon Dieu !

PIERRE. Pourquoi trembler ainsi? j'irai à Chambéry, j'y resterai quelques jours, pendant lesquels je tâcherai d'y faire marché pour nos bestiaux , et je reviendrai.

THÉRÈSE. Tu as dit que tu ne partirais que si le temps redevenait beau... et regarde l'horrible tempête qui éclate. (*Éclairs et tonnerre.*) Les voyageurs sont bien à plaindre par une nuit pareille !

JEAN. En effet , par l'orage qui gronde et l'obscurité qui règne , ceux qui sont maintenant engagés dans la montagne courent grand risque de mourir sans confession et de reposer sans tombe.

THÉRÈSE. Hélas !... nous n'y pouvons rien.

JEAN. Nous pouvons toujours, faute de mieux, allumer un grand feu devant le chalet, pour servir de signal aux égarés, s'il y en a ; qu'en dis-tu, Pierre ?

PIERRE. Vous avez de saintes pensées , mon père, et votre maison sera bénie à cause de vous... Allons ! du bois, des feuilles sèches... et faisons un feu qui se voie de Servoz à Salanches.

(*Il sort avec son père.*)

THÉRÈSE. Eh bien ! Madeleine , te voilà encore immobile et pâle comme tout-à-l'heure.

MADELEINE. Vous avez dit , ma mère , que vous sentiez un malheur planer sur notre toit.

THÉRÈSE. J'ai dit cela parce que Pierre ne revenait pas , mais il est revenu.

MADELEINE. Il va repartir, ma mère.

THÉRÈSE. Pas encore...

MADELEINE. Il a dit qu'il partirait ce soir, et vous savez que, quand il a dit qu'il ferait une chose, il la fait.

JEAN, *rentrant avec Pierre*. Voilà qui est bien.... la flamme pétille gaîment , comme si elle se réjouissait d'avance d'avoir été utile à quelqu'un... Maintenant, à table. (*Il s'assied.*) Thérèse, viens prendre ta place... Madeleine !

(*Thérèse s'asseoit.*)

MADELEINE. Merci, mon père , je ne me sens pas bien en ce moment , et j'aime mieux dormir que souper.

JEAN. Bonne nuit alors, mon enfant , et bonne santé pour demain.

MADELEINE. Je ne sais pas si je te reverrai, mon bon Pierre, avant ton départ ; et je te dis adieu du meilleur de mon cœur.

PIERRE, *la prenant dans ses bras*. Adieu, Madelinette... sois heureuse , ma sœur.

MADELEINE, *bas*. Quand pars-tu ?

PIERRE, *de même*. Cette nuit.

MADELEINE, *de même*. Il faut que je te parle, à toi seul.

PIERRE. Quand tout le monde sera couché, viens me trouver ici, je t'y attendrai. (*Haut.*) Sois tranquille, à mon retour tu auras un joli cadeau.

MADELEINE. Merci. Et encore bonsoir , à toi et à tous.

(*Elle sort.*)

THÉRÈSE. N'oublie pas tes prières, ma fille.

MADELEINE, *de loin*. Non , maman...... Bon appétit.

❦❦❦❦❦❦ ❦❦❦❦❦ ❦❦❦❦❦❦❦❦❦❦❦❦❦ ❦❦❦❦❦ ❦❦❦❦❦❦ ❦❦❦

SCENE III.

LES MÊMES, *excepté* MADELEINE.

THÉRÈSE, *se détournant*. Merci... Le feu brûle-t-il toujours ?

JEAN , *regardant au fond*. Il n'y a plus à craindre qu'il s'éteigne maintenant.... la pluie diminue, et le vent qui se lève ne fera qu'activer la flamme.

PIERRE, *dressant la tête.* Chut! (*tout le monde s'arrête*) chut!

JEAN. Quoi?

PIERRE. Je crois entendre des pas de chevaux dans l'éloignement.

JEAN. Ma foi! mon garçon, tu as l'oreille plus fine que ton père... car je n'entends rien, moi.

PIERRE, *se levant.* Non! je ne me trompe pas... écoutez bien!... tenez... tenez... entendez-vous maintenant? il y a deux mulets.

JEAN. Dieu soit loué! notre précaution n'aura pas été inutile. Ce sont, à n'en pas douter, des voyageurs égarés dans la montagne et qui doivent être harrassés de fatigue, si j'en juge à la lenteur de leur marche.

THÉRÈSE. Ils approchent cependant; mon bon Pierre... avance un peu, et appelle-les à grands cris pour leur donner du courage.

PIERRE, *sortant.* Ho! camarades! par ici!..... le sentier à droite, c'est le plus court... et montez droit.... par ici.

JEAN, *à sa femme.* Réjouis-toi, servante du Seigneur... voici des hôtes qui nous arrivent.

THÉRÈSE. Béni soit celui qui les envoie!

PIERRE, *en dehors.* Bien..... arrêtez-vous là et descendez, ne vous inquiétez pas de vos chevaux... entrez seulement et reposez-vous.

ᴼᴼᴼᴼᴼᴼᴼᴼᴼᴼᴼᴼᴼᴼᴼ ᴼᴼᴼᴼᴼᴼᴼᴼᴼᴼᴼᴼᴼᴼᴼ ᴼᴼᴼ ᴼᴼᴼᴼᴼᴼ

SCENE IV.

JEAN, THÉRÈSE, LE DUC, LE COMTE.

JEAN. Soyez les bienvenus, cavaliers, trois fois les bienvenus chez moi.

LE DUC. Merci, brave homme.

JEAN. Ne me remerciez pas : le voyageur apporte au foyer de son hôte la bénédiction de Dieu.

LE COMTE. A la vue du feu que vous avez allumé, au milieu de l'orage, nous nous sommes dit que nous trouverions ici bon accueil et bon gîte, et je vois avec plaisir que nous ne nous sommes pas trompés.

JEAN. Si une modeste hospitalité, offerte d'un cœur joyeux, peut vous suffire, vous vous trouverez bien ici. Si vous avez froid, voilà mon feu... si vous avez faim, voilà ma table.

LE DUC. Nous acceptons l'un et l'autre avec une égale reconnaissance ; et, en vérité, l'un nous est aussi nécessaire que l'autre, car nous avons le dos trempé comme une éponge, et l'estomac creux comme un tambour.

LE COMTE, *ôtant son manteau.* Voilà un manteau assez lourd pour faire plier un âne sur ses jarrets.

LE DUC, *ôtant le sien.* Et en voici un autre qui contient assez d'eau pour noyer une demi-douzaine de chats.

(Pierre rentre.)

JEAN. Pierre, prends ces manteaux.. Si vous le trouvez bon, mes honorables cavaliers, nous pourrons, mon fils et moi, vous prêter aussi des vêtemens qui sont bien grossiers, il est vrai, mais bien chauds..... et pendant...

LE DUC. Si nous le trouvons bon! nous le trouverons, pardieu! excellent!... Votre pourpoint, s'il vous plaît, mon bon ami, et vous verrez que je ne suis pas aussi délicat que je le parais.

JEAN, *donnant un pourpoint.* Voilà, voilà, mon cavalier!

PIERRE, *de même.* Voici le vôtre, monsieur!

LE COMTE, *le prenant.* Grand merci.

(Le Duc et le Comte mettent les habits des deux paysans.)

JEAN. A présent, Thérèse, mets-nous quelque chose de plus sur la table, et donne-nous, en l'honneur de nos hôtes, cette bouteille de Mont-Méliant que mon grand-père m'a laissée pour tout héritage, va. Toi, Pierre, porte les manteaux à sécher... moi, je vais chercher du bois pour ranimer le feu... De l'activité, sang-Dieu! et que l'on tue le veau gras, car... (*s'en allant en riant*) car les enfans prodigues sont arrivés...

ᴼᴼᴼᴼᴼᴼᴼᴼᴼᴼᴼᴼᴼᴼᴼᴼᴼᴼᴼᴼᴼᴼᴼᴼᴼᴼᴼᴼᴼᴼᴼᴼᴼᴼᴼᴼᴼᴼ ᴼᴼᴼ

SCENE V.

LE DUC, LE COMTE.

LE DUC. Brave homme!

LE COMTE, *regardant au fond.* Braves gens !

LE DUC, *éclatant de rire.* Ah! Montrevel ?

LE COMTE, *se retournant.* Qu'y a-t-il donc... monseigneur?

LE DUC, *lui montrant du doigt son habit.* Il y a la plus étrange figure de comte qui se puisse, à coup sûr, voir de Madrid à Vienne.

LE COMTE, *lui montrant le sien.* Ma foi, le costume de ma seigneurie vaut bien celui de votre altesse.

LE DUC. Allons! pas de fausse honte, avouez que le comte François de Montrevel ressemble à un marchand de bœufs.

LE COMTE. Oui... si vous reconnaissez que le duc Emmanuel-Philibert de Savoie a l'air d'un gardeur de moutons.

LE DUC. Hier, je gardais des hommes, je n'ai pas perdu au change.

LE COMTE. Grand merci, monseigneur, j'étais du troupeau.

LE DUC. Je t'attaque, comte; défends-toi.

LE COMTE. J'ai ouï dire qu'en plaisanteries les rois aimaient beaucoup donner et fort peu recevoir.

LE DUC. A la bonne heure... il n'y a ici ni roi ni sujet... il y a deux compagnons de chasse et de plaisir, voilà tout.

LE COMTE. L'incognito...

LE DUC. Le plus strict.

LE COMTE. Prenez-garde, monseigneur, il peut pleuvoir des vérités.

LE DUC. Avec ces habits-là, mon cher, on ne craint pas la pluie... il n'y a ni galons dessus, ni trahisons dessous.

SCENE VI.

LES MÊMES, JEAN, THÉRÈSE, PIERRE.

JEAN. Maintenant, mes bons messieurs, que les échelles sont dressées (*il range les chaises autour de la table*), à l'assaut !

LE DUC. Vous aimez la guerre aux plats?

JEAN. C'est la seule qui profite à tout le monde.

LE DUC. L'ami, vous paraissez frondeur.

JEAN. Rieur tout au plus... Pierre, ramasse donc le livre de la vie des saints, de peur qu'il ne se tache sur la table.

PIERRE. Oui, mon père.

LE COMTE. Qui donc sait lire ici ?

JEAN. Tout le monde.

LE DUC. Vraiment?

JEAN, *servant*. Oui... tel que vous me voyez... un morceau de venaison... tel que vous me voyez, j'ai étudié dans ma jeunesse pour être prêtre, et je serais peut-être pape, à l'heure qu'il est, si je n'avais pas rencontré cette bonne femme-là, tenez... Ah! elle est un peu changée depuis ce temps-là... mais alors !..

LE DUC. Bref, vous aimâtes mieux épouser la créature que le créateur.

JEAN. Que voulez-vous? il y a certainement plus de mérite à l'un, mais il y a peut-être plus de plaisir à l'autre... hein, Thérèse?..

THÉRÈSE. Taisez-vous donc, Jean !

JEAN. Il n'y a rien à dire , Madeleine n'est pas là... (*Au comte.*) Comment trouvez-vous ce pâté?

LE DUC, *tendant son assiette*. Excellent! j'en redemanderai.

JEAN, *le servant*. Y aurait-il de l'indiscrétion à faire une question à mes hôtes ?

LE DUC. Comment donc? tant que vous voudrez.

JEAN. A en juger par vos habits, tout trempés de pluie et tout couverts de boue qu'ils sont, ce ne sont pas des convives ordinaires qui prennent place ce soir à mon humble table?

LE DUC. Pour qui donc nous prenez-vous?

JEAN. Je présume, mes honorables cavaliers, que vous faites partie de la cour.

LE DUC. Vos suppositions ne manquent pas d'une certaine justesse... A parler vrai, nous ne sommes pas les gens les moins importans du palais ducal de Chambéry... Pouvons-nous à notre tour demander à qui nous sommes redevables de cette généreuse hospitalité.

JEAN. Je m'appelle Jean Tardy.

LE COMTE, *se levant d'un bond et se rasseyant ensuite*. Jean Tardy!

JEAN. Vous paraissez ému... qu'a donc mon nom de...

LE COMTE, *après avoir regardé autour de lui, à part*. Elle n'est pas ici... me voilà rassuré... (*Haut.*) Ah! je vais vous dire : c'est que j'ai entendu Mme la comtesse de Montrevel, parler d'un certain Pierre Tardy, comme d'un homme à qui elle devait la vie.

PIERRE, *à part*. Elle a parlé de moi.

JEAN. Pierre!.. mais c'est notre fils... Dis-donc, Pierre, il est question de toi, mon garçon !

LE COMTE. Ah! c'est vous !..

PIERRE, *froidement*. Oui... Mme la comtesse, se promenant un jour sur le lac de Chède dans un bateau , eût couru grand danger de la vie, si par bonheur je ne me fusse trouvé là.

LE COMTE. Et Mme la comtesse vous a récompensé généreusement ?

PIERRE. Je rends quelquefois des services, mais je n'en vends jamais.

JEAN. C'est toujours comme cela dans la famille.

LE DUC. Est-ce le Jean Tardy qu'on surnomme le Montagnard?

JEAN. Lui-même... Je ne me serais jamais imaginé que mon humble nom fût parvenu aux oreilles de quelqu'un de la cour.

LE DUC, *lui tendant la main*. Par le ciel ! touchez-là, mon camarade... je suis bien aise de connaître un homme de votre franchise et de votre probité... Savez-vous, maître Tardy, que malgré la vie retirée que vous menez ici, votre nom est en grand honneur au palais ducal de Chambéry?

JEAN. Votre seigneurie veut rire?

LE DUC. Je ne ris point... on vous connaît là-bas et l'on vous y estime fort; et ce n'est pas étonnant, je vous jure, car il ne vient pas à Chambéry un homme de ce pays qui ne cite à tout propos quelque action ou quelque parole de vous... c'est Jean Tardy par ci et Jean Tardy par là... Tenez, l'autre jour encore, j'entendis citer de vous le trait que je m'en vais vous dire: Vous trouvant en contestation avec un de vos voisins, sur la possession d'un pâturage assez considérable, vous lui proposâtes de choisir pour arbitre le plus honnête homme du canton... il accepta, mais comme il ne connaissait pas, disait-il, de plus honnête homme que vous, il vous remit la décision de l'affaire et les pièces du procès; vous examinâtes mûrement les droits des deux parties, et après cet examen, vous déclarâtes que vous aviez raison et que le pâturage vous revenait; votre adversaire y renonça à l'instant même, disant que, puisque vous l'aviez décidé, cela était juste... L'histoire est-elle vraie?

THÉRÈSE. Oui, monsieur... mais comment?..

LE DUC. Le mérite modeste est une fleur obscure mais parfumée, qu'on voit de près, qu'on sent de loin.

JEAN, *essuyant une larme*. Eh bien! mes enfans... ai-je tort de vous dire que le bon Dieu fait attention aux honnêtes gens?

LE DUC. Nous parlions du palais de Chambéry... y êtes-vous allé, mon bon maître?

JEAN. Jamais, le ciel m'en préserve!

LE DUC. Et pourquoi invoquer le ciel en pareille circonstance?

JEAN. C'est que, voyez-vous? je fais cas de ma tranquillité, et par conséquent je n'ai pas envie de m'exposer au tumulte de Chambéry, et encore moins aux misères de la cour.

LE DUC. Nous y voilà! toujours l'ancienne chanson. Foi de chevalier! il est écrit que les gens de campagne crieront sans cesse contre la cour et ses déceptions; pourtant je vous jure que la cour n'est pas absolument la même chose que l'enfer, et qu'on y peut vivre quelque temps sans attraper la peste.

JEAN. Mon honorable cavalier, je n'ai pas l'intention de vous offenser; mais vous conviendrez, vous-même que, si la cour n'est pas l'enfer, ce n'est pas non plus le paradis terrestre, et que ce n'est pas à Chambéry que doit résider un homme sage... Pensez-donc, une ville où on ne connaît ni foi ni loi; où l'on vole le jour, où on assassine la nuit; une ville pleine par-ci de mécontens qui peuvent d'un jour à l'autre se révolter, et par-là de débauchés qui ne cherchent que séduction, enlèvemens et coups d'épée; où le prince lui-même court la nuit, les rues sous d'indignes déguisemens, et...

LE COMTE, *vivement*. Arrêtez, l'ami!.. vous oubliez que nous faisons partie de la cour, et que vos paroles pourraient arriver aux oreilles de son altesse.

JEAN. Je n'avance rien légèrement, mais quand j'ai avancé une chose, je ne la retire jamais; et si l'occasion s'en présentait, je dirais ma pensée au duc lui-même, comme je vous la dis à vous... (*Le duc et le comte échangent un signe de doute.*) Oh! croyez-moi bien, ni la majesté de sa personne, ni la violence de son caractère, ne m'empêcherait de parler selon ma conscience.

LE DUC. Pardieu! tu es un homme bien hardi!

JEAN. Non, mais je suis un honnête homme. C'est quelque chose de plus.

LE DUC. Ainsi donc, suivant toi, les choses ne vont pas comme elles devraient aller?

JEAN. Hé! bon Dieu! voulez-vous que je dise que tout va bien, quand partout on peut commettre le crime impunément?

LE DUC. Impunément! qu'est-ce-à-dire? sur mon ame! vous êtes mal informé, mon hôte; le crime est puni toutes les fois qu'il est découvert.

JEAN. Je sais bien que le duc aime la justice... Mon Dieu! il a bien assez de défauts pour qu'on lui reconnaisse du moins cette qualité.

LE DUC, *se levant*. Par la croix!

LE COMTE, *riant*. Je vous avais prédit qu'il pleuvrait, mon camarade... asseyez-vous.

LE DUC, *se rasseyant*. Continuez.

LE COMTE. Oui... vous nous ferez plaisir.

JEAN. Je disais que le duc aimait la justice; le malheur c'est qu'il l'aime, comme nous autres les avalanches, de loin; et que satisfait pour lui du nom, il laisse à d'autres le soin de la chose; et ses ministres, vertu-Dieu! sont tous, depuis le grand-bailly de Chambéry, messire Jacques Solfo, jusqu'au grand-maréchal de Savoie, monseigneur le comte de Montrevel, sont tous d'effrontés coquins qui figureraient mieux au haut d'une potence qu'au bas d'un tribunal.

LE COMTE, *se levant.* Par l'enfer! maître Jean!..

LE DUC, *riant.* Par le ciel! maître François, chacun son tour... faites-moi le plaisir de vous asseoir comme moi, et remercions chacun Dieu de la part qu'il nous a faite... la vérité est un soleil qui luit pour tout le monde.

(*Le Comte se rasseoit.*)

JEAN. Aurais-je eu le malheur, mon cavalier, de vous être en rien désagréable?

LE COMTE, *riant.* Désagréable! à moi?..

LE DUC. Au contraire, vous lui avez fait plaisir... vous disiez donc?..

THÉRÈSE. Pour l'amour de Dieu! Jean ne continuez pas...

JEAN. Paix, femme! gardez vos remontrances pour les enfans et les jeunes filles, et laissez agir en liberté les hommes, et parler les têtes grises... Je dis donc, messieurs, que dans l'état présent de la Savoie, ceux d'en bas font pitié, et ceux d'en haut font honte.

LE DUC. Hélas! maître Tardy, il est bien aisé de critiquer ceux qui tiennent le pouvoir; mais le difficile serait d'en faire, à l'occasion, un meilleur usage qu'eux. Tel qui crie bien haut après la perversité des grands, serait pire à leur place, et, pour une faute qu'ils font, en commettrait cinquante.

JEAN J'en conviens, mon gentilhomme. Je sais qu'il est plus aisé de dire que de faire : je n'en soutiendrai pas moins qu'il est infâme de laisser faire le mal, quand on peut tout pour le bien; que ceux-là sont des lâches, qui sacrifient les petits par complaisance pour les grands.

LE DUC. Je voudrais vous voir grand-bailli de Chambéry : sans doute les affaires prendraient sous votre direction une meilleure allure.

JEAN. Vous plaisantez, monsieur le courtisan; mais, si j'avais le malheur de remplir de pareilles fonctions, soyez certain que rien au monde ne me ferait reculer devant l'accomplissement de mon devoir.

THÉRÈSE. Voici la lune qui se lève...

PIERRE. Oui... l'orage est tout-à-fait passé... Je vais me mettre en route, mon père.

LE COMTE. Nous aussi, chevalier, si vous le trouvez bon.

LE DUC, *se levant.* Volontiers.

JEAN. Nos lits sont à votre service, messieurs.

LE COMTE. Merci de l'offre; mais nos amis seraient trop inquiets, et les affaires nous rappellent.

(*Pierre sort.*)

JEAN. Qu'il soit fait suivant votre bon plaisir. Nous remercions l'hôte qui reste, nous bénissons celui qui part.

PIERRE, *rentrant.* Voici les habits de ces messieurs propres et secs, je vais préparer leurs chevaux.

(Il sort. — Le duc et le comte se rhabillent.)

LE DUC. Maître Tardy, nous n'offrirons pas à un homme comme vous le prix de son hospitalité...

JEAN, *fièrement.* Vous ferez bien, monsieur.

LE DUC. Mais nous vous prierons de vider avec nous un dernier verre, afin que nous trinquions ensemble.

JEAN. De grand cœur. Verse, Thérèse. (*Thérèse leur verse à boire.*) A votre bon voyage, mes cavaliers!

LE DUC. A votre prospérité, mon hôte!

(Ils trinquent.)

PIERRE, *du fond.* Les chevaux sont prêts.

LE DUC. Adieu donc, mon digne Jean... vous aurez bientôt de mes nouvelles.

JEAN. Quoiqu'il arrive, monsieur, vous me trouverez toujours prêt à vous répondre.

(Le duc et le comte sortent.)

SCENE VII.

JEAN, THÉRÈSE.

THÉRÈSE. Ma foi! Tardy, vous pouvez vous vanter d'avoir fait de belle besogne; vous verrez que ces freluquets, qui ont encore la bouche toute pleine de vos histoires, n'auront rien de plus pressé que d'aller les débiter au duc. Que la sainte Vierge nous préserve de mal!.. mais de quelle malencontreuse rage de bavarder êtes-vous donc possédé?

JEAN. Allons! ne vous fâchez pas, ma femme; je vous demande pardon d'être allé sur vos brisées.

THÉRÈSE. Trêve de plaisanteries! vous voudriez bien tourner la chose en risée, maintenant que vous sentez votre tort. Tardy! Tardy! vous êtes un homme cruel, et le pis, c'est que vous ne vous corrigerez jamais.

JEAN. Ce ne sera pas du moins faute de bonnes leçons, n'est-ce pas? Mais en vérité, vous ne crieriez pas plus fort quand j'aurais commis un acte de haute trahison

THÉRÈSE. Eh! n'en est-ce pas un pour

un pauvre fermier que de parler du duc, des grands et de Chambéry comme vous l'avez fait ?

JEAN. Ai-je dit autre chose que la vérité ?

THÉRÈSE. La vérité ! la vérité ! croyez-vous que ce n'est pas un crime que de dire de semblables vérités aux puissans ? Vous, Tardy, vous pensez qu'il suffit d'être honnête, de payer ses dettes et d'ôter son chapeau à tout le monde, et qu'après cela on peut dire tout ce qui vous passe par la tête. Dieu veuille que vous n'appreniez pas à vos dépens ce qu'il en coûte !

JEAN. J'espère que tu as fini, maintenant, et que...

THÉRÈSE. Je vous demande un peu ce que cela vous fait que le duc parcoure les rues sous un déguisement, fût-ce celui du diable, et que l'on tue là-bas du monde la nuit, pourvu que vous puissiez dormir tranquillement chez vous. Mon Dieu ! occupez-vous de vos récoltes et de vos bestiaux, et ne vous mêlez pas des affaires de l'état, qui ne vous regardent pas.

SCENE VIII.

LES MÊMES, PIERRE.

PIERRE. Les voyageurs sont déjà loin.

JEAN. De quel côté se sont-ils dirigés ?

PIERRE. De celui de Cluse, où est maintenant la cour. C'est aussi par là que je vais me diriger.

THÉRÈSE. Décidément, Pierre, tu vas partir pour Chambéry ?

PIERRE. Oui, ma mère.

THÉRÈSE. Pierre, mon enfant, je suis vieille... tu ne devrais pas t'éloigner.

PIERRE, *tristement*. Il le faut, ma mère.

THÉRÈSE. Si tu n'allais pas revenir !

PIERRE. C'est que je mourrais alors.

THÉRÈSE. Et si tu ne me retrouvais pas en revenant ?..

PIERRE. Embrassez-moi, ma mère, ma destinée m'appelle là-bas.

(Il embrasse sa mère.)

THÉRÈSE. Adieu donc, mon enfant.

JEAN. Mon fils, tu ne nous dis pas pourquoi tu nous quittes ; mais nous nous fions en toi, et nous croyons que tu ne le ferais pas pour des raisons mauvaises. Pars donc, mon enfant ; reviens le plus vite que tu pourras, et sois toujours franc, courageux et juste. Adieu. Tu emportes la bénédiction de tes vieux parens.

PIERRE, *les embrassant tous deux*. Adieu.

(Il se détache brusquement de leurs bras, et sort par le fond.)

JEAN, *prenant la main de Thérèse*. Maintenant, ma bonne femme, viens pleurer dans ta chambre.

(Ils sortent.)

SCENE IX.

PIERRE, *puis* MADELEINE.

PIERRE, *rentrant avec précaution*. Ils sont rentrés dans leur chambre, bien tristes, peut-être... Pauvres amis ! Ah ! c'est peut-être au malheur que je cours... peut-être... Madelaine devait venir... Allons ! c'est un parti, pris il n'y faut plus penser... Que fait donc Madelaine ?.. Je voudrais déjà être loin... mes pieds brûlent ici... Madelaine ! Madelaine !

MADELEINE, *entrant doucement*. Pierre !

PIERRE. Te voilà enfin...

MADELEINE. Tout le monde est-il retiré ?

PIERRE. Oui... nous sommes bien seuls.

MADELEINE. Ainsi, nous pouvons causer librement.

PIERRE. En toute confiance... Qu'as-tu à me dire ?

MADELEINE. Je veux te parler... Tiens ! assieds-toi là...

PIERRE, *assis*. Je t'écoute.

MADELEINE, *fondant en larmes, et lui sautant au cou*. O Pierre !

PIERRE. Eh bien ! qu'est ce que c'est, Madelaine ?.. Tu pleures... tu sanglotes, tu as du chagrin, ma bonne fille ?.. allons ! console-toi... essuie tes pauvres yeux, et conte-moi ce qui t'afflige.

MADELEINE. Jamais je ne pourrai, jamais.

PIERRE. Pourquoi ? n'as-tu plus de confiance en moi ?

MADELEINE. Oh ! si.

PIERRE. Ne suis-je plus ton ami Pierre, ton préféré de tous les jours, ton frère, tendre et dévoué ?.. Ne te rappelles-tu plus que je te chantais des chansons, quand tu étais petite, pour t'amuser ou t'endormir ; que je te promenais avec moi dans la montagne, toute jeune encore, et que je te portais entre mes bras dans les mauvais chemins !.. Et tes petites peines, et tes petits désirs, et toutes tes pensées, ne te rappelles-tu plus que c'est à moi que tu les confiais ? T'ai-je jamais rien refusé ? ai-je trompé une de tes espérances ?.. Dis, Madelon, t'ai-je donné une fois le droit de douter de moi ?

MADELEINE. Mon bon frère !

PIERRE. Confie-toi donc encore à celui qui t'aime et qui donnerait sa vie pour toi, tu le sais bien.

MADELEINE. Es-tu heureux, Pierre ?

PIERRE, *douloureusement.* Il ne s'agit pas de moi, chérie.

MADELEINE. C'est que moi, je suis bien malheureuse.

PIERRE. Malheureuse, toi si bonne et si aimée !... Qui donc ne souffrira pas, si tu souffres ?

MADELEINE. Oh ! l'amour ! oh ! l'amour !

PIERRE, *brusquement.* L'amour ?

MADELEINE. Tu ne peux pas me comprendre, frère... tu ne sais pas ce que c'est que l'amour.

PIERRE. Ne pas connaître l'amour, Madeleine ! eh ! que ferait-on ici-bas, si l'on n'aimait pas ? se lever le matin, se fatiguer le jour, se coucher le soir pour se relever le lendemain ! est-ce vivre ? Pourquoi veiller, pourquoi dormir quand l'on n'aime pas ? c'est l'amour qui soutient quand on travaille, et qui console quand on souffre... L'amour, c'est tout le bonheur ; l'amour, c'est toute la vie.

MADELEINE. Non, non ; ce n'est pas cela, Pierre... aimer, ce n'est pas vivre, c'est souffrir. Quand on aime, on ne dort plus, on ne veille plus, on pleure. Le jour où l'amour vient, adieu le bonheur... l'attente, la fièvre, le doute, le désespoir... voilà l'amour ! O Pierre ! tu n'as jamais aimé !

PIERRE. Plût au ciel !

MADELEINE. Plût au ciel, as-tu dit ? O mon frère ! ne blasphème pas ; ne te plains pas : si tu as aimé, tu as vécu. Cher frère ! tu as donc aussi senti ton cœur se serrer au bruit d'une parole, et ton âme se fondre au contact d'un baiser... Tu as espéré, douté, palpité, tremblé d'espoir et de crainte ; tu as ri, pleuré, déliré d'amour... O Pierre ! tu peux mourir sans te plaindre : tu as eu ta part de bonheur.

PIERRE. Moi, heureux ! mon Dieu !... vois mon front pâle, Madeleine, et mon regard désolé ; écoute battre mon cœur dans ma poitrine, et dis-moi après si tu me crois heureux. Ils savent ce que je souffre, les vents d'orage auxquels j'ai jeté en cris désespérés le secret de mon cœur ; et les pierres des torrens sur lesquelles je me suis couché en invoquant le trépas ; et le ciel que j'ai maudit de mon malheur ; et l'enfer que j'ai en vain appelé à mon aide ; car je ne sais plus que devenir, ô ma sœur ! car je ne suis pas aimé...

MADELEINE. Pauvre Pierre !

PIERRE. N'est-ce pas ? oh ! n'est-ce pas que je suis à plaindre, moi qu'on n'aime pas ?

MADELEINE. Et moi donc, qu'on a aimée, qu'on a trahie !

PIERRE. Pauvre Madeleine !

MADELEINE. Une horrible trahison, mon frère ! Captiver mon innocence par de douces paroles, tromper ma bonne foi par des promesses sacrées, m'enivrer peu à peu d'amour, me faire oublier ma raison, mon devoir, mon honneur...

PIERRE, *se levant.* Ma sœur !

MADELEINE. Et puis m'abandonner, en me laissant pour tout adieu le désespoir et la honte !...

PIERRE, *reculant.* Ma sœur !

MADELEINE. Ah ! je serais déjà morte, Pierre, si ce n'eût pas été un crime de tuer avec moi mon enfant.

(Elle tombe à genoux.)

PIERRE. Malheureuse !

MADELEINE. Pierre, si tu me repousses, personne n'aura pitié de moi... Je sais bien que je suis une grande coupable, mais tu es mon frère, et tu ne voudras pas me voir maudire par nos parens, n'est-ce pas ? et mourir d'opprobre, loin de la maison paternelle... tu me sauveras peut-être, et mon enfant avec moi...

PIERRE, *lui tendant les bras.* Madeleine !

MADELEINE, *s'y jetant.* Ah !

PIERRE, *pleurant sur elle.* Infortunée ! infortunée !

MADELEINE. Je le serais moins, si tu m'avais pardonné.

PIERRE. Est-ce entre mes bras que tu devrais douter de mon cœur ?

MADELEINE. Toujours le même, toujours mon Pierre !

PIERRE. Mais...

MADELEINE. Si je mourais la première, tu aurais soin de lui, n'est-ce pas ?

PIERRE. Comme toi-même... mais cet homme, Madeleine, quel est-il ? où est-il ?

MADELEINE. A Chambéry, je crois. C'est l'été dernier, quand je demeurais auprès de Cluse, avec notre vieille tante qui est morte, que je l'ai connu, que je l'ai aimé, hélas !

PIERRE. Son nom ?

MADELEINE. François.

PIERRE. François... qui ?

MADELEINE. François.

PIERRE. Tu ne lui connais pas d'autre nom ?

MADELEINE. Pas d'autre.

PIERRE. Imprudente enfant !

MADELEINE. Que veux-tu ? je croyais à ce qu'il me disait, et je ne cherchais pas à pénétrer ce qu'il me cachait... je l'aimais.

PIERRE. Et que fait cet homme ?

MADELEINE. Il est employé à la cour du duc.

PIERRE. A quoi ?

MADELEINE. Je ne sais pas.

PIERRE. Et tu n'as pas sur lui d'autres renseignemens à me donner.

MADELEINE. Non.

PIERRE. Mon Dieu ! comment trouver cet homme ? Mais pourquoi donc, Madeleine, n'avoir pas parlé plus tôt ?

MADELEINE. Je n'osais pas... j'attendais... et si tu n'étais pas parti, je me serais tue encore.

PIERRE. Oh ! si je pouvais trouver cet homme... Il avait promis de t'épouser, n'est-ce pas ?

MADELEINE. Oui... il me le disait chaque fois qu'il venait, et quand il ne venait pas, il me l'écrivait...

PIERRE, *vivement*. Il t'a écrit ?

MADELEINE. Oui...

PIERRE. Il t'a écrit !... Les lettres où sont-elles ?

MADELEINE, *les tirant de son sein*. Ici.

PIERRE, *les prenant*. Donne ! donne ! donne !... Merci , mon Dieu ! de m'envoyer ces lettres ! avec cela je le chercherai, je le trouverai, je le tiens ! Ces lettreslà, vois-tu , c'est notre salut, ou sa perte; c'est ton honneur, Madeleine, ou sa vie !

(*Il se dirige vers la porte.*)

MADELEINE. Où vas-tu ?

PIERRE. A Chambéry : la haine m'y appelle maintenant comme l'amour... J'irai, et que Dieu m'assiste! car alors...

MADELEINE. O Pierre ! si tu le rencontres, rappelle-toi que je l'aime.

PIERRE. Je me rappellerai qu'il t'a trompée, Madeleine.

MADELEINE. A cause de moi, mon frère, épargne-le.

PIERRE. Je ferai pour lui, ma sœur, comme il fera pour toi... Pas de colère pour ton mari ; pas de pitié pour ton séducteur... et je jure Dieu de ne pas remettre le pied dans la maison paternelle, sans t'apporter une réparation ou une vengeance... Adieu.

MADELEINE, *cherchant à l'arrêter*. Pierre!

PIERRE. Ton frère va travailler pour toi, Madeleine, prie pour lui !

(*Il sort précipitamment.*)

MADELEINE, *seule à genoux*. Mon Dieu ! je ne sais ce qui arrivera de tout ceci... mais, si quelqu'un doit être heureux, faites que ce soit Pierre, et si quelqu'un doit souffrir, faites que ce soit moi... moi seule

ai commis la faute, que le châtiment retombe sur moi seule !

SCENE X.
MADELEINE, JEAN.

JEAN. Qui est-ce donc que j'entends ici ?

MADELEINE, *se levant*. Mon père !

JEAN. C'est toi, Madeleine... et que faisais-tu ici, à cette heure, ma fille?

MADELEINE. Je priais pour Pierre qui est parti, mon père.

JEAN. A la bonne heure, mon enfant ; mais ce n'est pas seulement pour cela que tu es sortie de ta chambre... Et toi aussi, Madeleine, tu me caches quelque chose.

MADELEINE. Moi, mon père ? (*On frappe à la porte du fond.*) On a frappé !

JEAN. Qui est là?

UNE VOIX DEHORS. Officier du duc !

JEAN. Un officier du duc , ici !
(*Il va ouvrir.*)

MADELEINE. Si c'était...

(Entrent l'officier au fond, Thérèse à gauche.)

SCENE XI.
LES PRÉCÉDENS, L'OFFICIER, THÉRÈSE.

L'OFFICIER. Maître Jean Tardy, s'il vous plaît.

JEAN. C'est moi.

L'OFFICIER. Au nom du duc, suivezmoi.

TOUS. Au nom du duc !

JEAN. Où avez-vous ordre de me conduire?

L'OFFICIER. Au palais ducal de Chambéry.

THÉRÈSE. Qu'est-ce que je disais , mon Dieu ! sauve-toi, Jean !

JEAN. Pourquoi donc ?

MADELEINE. N'y allez pas, mon père, n'y allez pas.

JEAN. Le duc est mon légitime souverain , et ses ordres doivent m'être sacrés... Monsieur, je suis prêt à vous suivre..... Mon bâton, Madeleine ; Thérèse, mon chapeau. (*Madeleine et Thérèse lui apportent son bâton et son chapeau.*) Maintenant, enfans, embrassez-moi. (*Il embrasse sa femme et sa fille qui pleurent, et s'éloigne.*)

THÉRÈSE , *le suivant*. Ne nous quitte pas, Jean !

MADELEINE, *de même*. Mon père !..

JEAN, *les arrêtant*. Paix !.. silence !.. A la garde de Dieu !..

(*Il sort avec l'officier.*)

ACTE II.

Une salle du palais ducal de Chambéry.

SCENE PREMIERE.

TROIS SEIGNEURS.

PREMIER SEIGNEUR. Il y a une chose certaine, messieurs, c'est que nous étions mieux, en 1558, sous le roi Henri II de France, que nous ne sommes, en 1560, sous le duc Emmanuel-Philibert de Savoie.

DEUXIÈME SEIGNEUR. Une chose non moins sûre, c'est qu'il est dangereux aux princes légitimes de faire regretter les usurpateurs.

TROISIÈME SEIGNEUR. Le duc nous traite en pays conquis.

LE PREMIER SEIGNEUR. Ah ! il répond à cela qu'il n'a pas trouvé, comme son père Charles III, sa couronne sur l'autel d'une cathédrale, mais bien au milieu d'un champ de bataille, et qu'il a droit, comme dit le peuple, de manger à sa guise le pain qu'il a fait cuire.

LE TROISIÈME SEIGNEUR. Je sais, par-dieu ! bien qu'il a gagné ses états au danger de sa vie, et que le traité qui l'a fait souverain, signé d'un trait de plume à Cateau-Cambrésis, fut écrit, à Saint-Quentin, avec la pointe d'une épée. Mais, parce que Charles-Quint a changé sa seigneurie en altesse, ce n'est pas une raison à lui pour vouloir changer les gentilshommes en vassaux. Que le duc prenne garde ! c'est à la pédaille française qu'il a passé sur le ventre dans les plaines de Flandre, et non à la noblesse savoisienne ; et si nous ne sommes pas de taille à frapper à la tête le duc Emmanuel-Philibert, nous sommes du moins assez grands pour le toucher au cœur.

LE DEUXIÈME SEIGNEUR. Il vient d'abolir les états-généraux.

LE PREMIER SEIGNEUR. Il fait, selon qu'il lui plaît, d'un homme de rien un seigneur, et d'un seigneur rien... Nous ne sommes plus gentilshommes, nos épées sont maintenant enchaînées dans le fourreau... Le duel est puni comme un crime.

LE TROISIÈME SEIGNEUR. Je vous le dis, messieurs, il faut en finir.

LE PREMIER SEIGNEUR. Je le voudrais comme vous ; mais nous ne le pouvons pas.

LE TROISIÈME SEIGNEUR. Le duc est mortel, messieurs...

LE PREMIER SEIGNEUR. Oui, mais les suites ?

LE TROISIÈME SEIGNEUR. On se jetterait entre les bras de la France, qui est une bonne mère pour la noblesse.

LE PREMIER SEIGNEUR. Tenez : ne pensons à rien faire, tant que nous n'aurons pas pour nous le comte de Montrevel. Le comte est riche et puissant par lui-même, allié en outre à la grande famille d'Allinges, dont est sa femme, et, de plus, très-aimé des soldats... S'il était avec nous, nous serions assez forts pour agir... mais il aime le duc.

LE DEUXIÈME SEIGNEUR. N'est-il aucun moyen de l'amener à nous ?... l'ambition ?

LE PREMIER SEIGNEUR. Qu'offrir au grand-maréchal de Savoie ? D'ailleurs, c'est un homme violent et passionné, qui ne peut se prendre que par l'amour ou la haine. On le mènerait plus loin, je vous l'assure, avec une espérance de vengeance qu'avec vingt promesses de fortune.

LE TROISIÈME SEIGNEUR. Si c'est ainsi, Dieu soit loué ! nous l'aurons peut-être.

LE DEUXIÈME SEIGNEUR. Comment ?

LE TROISIÈME SEIGNEUR. Le prince aime la femme du comte de Montrevel.

LE PREMIER SEIGNEUR. La comtesse Hélène !

LE TROISIÈME SEIGNEUR. Je vous en réponds, je le tiens de Simiane d'Albigny, qui a fait avec eux le voyage de Bonneville.

LE DEUXIÈME SEIGNEUR. C'est à cause de cela, sans doute, que la comtesse est arrivée hier à Chambéry, malgré le serment qu'avait fait le comte de ne jamais l'amener à la cour ?

LE TROISIÈME SEIGNEUR. Précisément.

LE PREMIER SEIGNEUR. Ayez une preuve, et je vous réponds du comte.

LE TROISIÈME SEIGNEUR. Comment l'avoir ?

SCENE II.

LES MÊMES, LE COMTE *et* UN HOMME D'ARMES A SES COULEURS.

LE COMTE, *entrant rapidement.* Salut, messieurs!

LE TROISIÈME SEIGNEUR. Nous vous saluons, comte.

(Ils s'éloignent tous trois.)

LE COMTE. Restez, messieurs, j'ai affaire à vous.

LE PREMIER SEIGNEUR. Nous sommes à vos ordres.

LE COMTE. Depuis long-temps vous conspirez, messieurs.

LE PREMIER SEIGNEUR. Nous?

LE COMTE. Ne dites pas non... j'ai des preuves, et c'est pour cela que je viens à vous.

LE TROISIÈME SEIGNEUR. Que voulez-vous dire?

LE COMTE. Si vous le voulez, je serai avec vous, sinon, contre. Ne tergiversez pas ; oui ou non ; je n'aime pas les détours.

LE DEUXIÈME SEIGNEUR. Ni moi. Votre main.

(Il lui prend la main.)

LE PREMIER SEIGNEUR. Mais...

LE COMTE. Affaire engagée, affaire conclue. Il est trop tard maintenant pour reculer.

LE TROISIÈME SEIGNEUR. Quand nous verrons-nous?

LE COMTE. Au moment du couvre-feu.

LE DEUXIÈME SEIGNEUR. Je croyais que vous partiez ce matin pour Turin?

LE COMTE. Oui, monsieur, je partirai ce matin pour Turin, et je reviendrai ce soir à Chambéry.

LE TROISIÈME SEIGNEUR. Où nous trouver?

LE COMTE. Chez vous.

LE PREMIER SEIGNEUR. Il vaudrait mieux peut-être...

LE TROISIÈME SEIGNEUR. C'est dit ; chez moi, ce soir, au moment du couvre-feu.

LE COMTE. Maintenant, messieurs, j'ai quelques ordres à donner. A ce soir.

LES TROIS SEIGNEURS. A ce soir.

(Ils sortent.)

SCENE III.

LE COMTE, SON HOMME D'ARMES.

LE COMTE. Écoute.

L'HOMME D'ARMES. Oui, monseigneur.

LE COMTE. Tu vas faire sonner le boute-selle pour les gens de ma suite qui sont sous tes ordres, de façon à ce qu'on soit prêt avant une heure. Dans une heure, nous partons pour Turin,

L'HOMME D'ARMES. Bien, monseigneur.

LE COMTE. D'ici là, deux choses à faire, très-importantes toutes deux, mais faciles. Tu iras trouver cette vieille femme que j'emploie quelquefois, et qui demeure à la place d'Annecy; tu lui diras de mettre un voile et de porter tout de suite cette lettre où il convient. Tu m'entends?

(Il lui donne une lettre.)

L'HOMME D'ARMES, *la prenant.* Oui, monseigneur.

LE COMTE. Ensuite, connais-tu dans la ville un homme déterminé, qui ne soit pas de ma maison, et qui fasse pour de l'argent tout ce qu'on lui demande?

L'HOMME D'ARMES. Il y a quelque part ici un nommé Sileto qui est bien le plus hardi coquin...

LE COMTE. Il ne craint rien?

L'HOMME D'ARMES. Ni Dieu, ni diable.

LE COMTE. C'est ce qu'il me faut ; va trouver ce Sileto, et propose-lui de ma part cent ducats d'or, s'il veut venir chez moi, ce soir, faire ce que je lui commanderai, quoique cela puisse être. S'il accepte, tu lui remettras cette clef. (*Il lui remet une clef.*) Elle ouvre la grille de la fenêtre qui donne sur l'étang ; une échelle de cordes y sera attachée et pendra dans l'eau ; il montera par là, je l'attendrai à huit heures précises. Est-ce dit?

L'HOMME D'ARMES. Oui, monseigneur.

LE COMTE. Va, et sois discret.

L'HOMME D'ARMES. Comme la tombe, monseigneur.

LE COMTE, *seul.* Ah! madame la comtesse de Montrevel.. ah! monseigneur le duc! vous ne savez pas à quel homme vous avez osé vous jouer.

(Entrent quatre ou cinq seigneurs de la cour.)

SCENE IV.

LE COMTE, SIMIANE, SEIGNEURS.

LE COMTE. Bonjour, Simiane ; bonjour, folâtre. Quoi de neuf aujourd'hui?

SIMIANE. Mon Dieu ! rien que je sache. Il y a eu cette nuit du vent, de la pluie, des filles enlevées, des maris trompés, des bourgeois battus.. Ce matin, il fait du soleil, et tout va le mieux du monde.

LE COMTE. Ah ! Chambéry est une ville joyeuse, et qui pour des gens comme toi, Simiane, vaut le paradis.

SIMIANE. Ma foi, j'avoue ne pas connaître au monde de Sodome plus agréable, et je prie Dieu d'une chose, c'est de ne la brûler que le lendemain de mon enterrement.

SCENE V.

Les Mêmes, LE DUC, Seigneurs, Pages, Gardes.

LE DUC. Bonjour, bonjour, messieurs.

UN SEIGNEUR. Votre altesse a-t-elle bien reposé ?

LE DUC. Trop bien pour certaines gens, monsieur. Il y en a ici, je le sais, qui ne me veulent pas de bien, mais je m'en inquiète comme d'un fétu de paille ; je mène à mon côté une bonne épée, et derrière moi de bons soldats qui ont fait leurs preuves. Profite de l'avis qui voudra.. A bon entendeur, salut... Eh bien ! Montrevel, d'où vient que vous ne nous avez pas encore amené votre belle comtesse Hélène ?

LE COMTE. Monseigneur, la comtesse souffre encore des fatigues du voyage.

LE DUC. Offrez-lui, je vous prie, mon hommage et mes regrets. (*Montrevel salue.*) Cela ne vous empêchera-t-il pas de remplir la mission que je vous ai donnée pour nos états d'Italie ?

LE COMTE. Monseigneur, je partirai avant une heure avec ma suite.

LE DUC. Bon voyage, mon cher comte ; si vous avez des adieux à faire, je ne vous retiens pas.

(*Il le congédie de la main.*)

LE COMTE, *bas aux trois seigneurs.* A ce soir, donc.

LES TROIS SEIGNEURS. A ce soir.

(*Le comte sort.*)

SCENE VI.

Les Mêmes, *excepté le comte.*

LE DUC, *tirant Simiane à part.* Dis-moi, Simiane, tu n'as rien su de la comtesse ?

SIMIANE. Si fait.

LE DUC. Quoi donc ?

SIMIANE. Mille défauts.

LE DUC. Tais-toi, blasphémateur, Hélène est un ange.

SIMIANE. Dont vous voudriez bien faire un démon.

LE DUC. Je l'aime... oh ! je n'ai jamais aimé comme cela.

SIMIANE. C'est de règle , monseigneur.

LE DUC. Je donnerais ma couronne pour être aimé d'elle ; crois-tu qu'elle m'aime ?

SIMIANE. Aujourd'hui, c'est possible ; demain, c'est sûr.

LE DUC. Pourquoi?

SIMIANE. Pour deux raisons : parce que vous êtes prince, et parce qu'elle est femme.

LE DUC. Tu doutes de sa vertu, malheureux !

SIMIANE. Non ; mais le regard des princes attire comme celui des basilics; et les femmes ressemblent aux fruits qui tombent d'eux-mêmes quand ils sont mûrs.

LE DUC. O pécheur endurci ! je serais tenté de désirer, pour ta confusion, que la comtesse ne m'aimât pas.

SIMIANE. Je le voudrais aussi, et que, pour comble de vertu, elle en aimât un autre.

LE DUC. Monsieur d'Albigny, vous n'êtes pas à votre place.

SIMIANE, *s'inclinant.* Votre altesse a raison. Ma place est en France où je dois épouser en son nom sa royale fiancée, madame Marguerite de France, sœur du roi ; votre altesse veut-elle que je m'y rende?

LE DUC, *lui frappant sur l'épaule.* Je ne pourrai donc jamais me fâcher contre toi, mauvais sujet!

SIMIANE. Mauvais sujet?.. monseigneur, il y a un vieux proverbe qui dit : tel prince, tel...

LE DUC. Merci de la morale.

SCENE VII.

Les Mêmes, L'OFFICIER *du premier acte.*

L'OFFICIER. Monseigneur, l'homme que vous m'avez dit d'amener est à vos ordres.

LE DUC. Vous avez mis beaucoup de temps à faire peu de chemin.

L'OFFICIER. Monseigneur les chemins sont mauvais, et nous étions à pied.

LE DUC. Vous n'avez rien appris à cet homme sur mon compte ?

L'OFFICIER. Rien, monseigneur.

LE DUC. C'est bien, faites-le entrer. (*L'officier sort.*) Messieurs, vous allez voir quelqu'un des temps passés. Faites attention.

(*Entre un officier.*)

L'OFFICIER, *présentant au duc une lettre à genoux*. Pour son altesse elle-même.

LE DUC, *ouvrant la lettre et lisant à part*. « Le comte sera absent ce soir, venez à » huit heures, il faut que je vous voie. Si- » gné comtesse de Montrevel. » Hélène ! Et plus bas : « Un homme vous atten- » dra à la porte de l'hôtel et vous fera » entrer. » O Dieu ! ce soir ! (*A l'officier.*) Qui t'a remis cette lettre ?

L'OFFICIER. C'est une femme voilée, monseigneur, et qui n'a pas voulu dire son nom.

LE DUC, *lui donnant sa bourse*. Suis-la, et partage ma bourse avec elle, sans rien dire. Va. (*L'officier sort.*) Simiane ! Simiane ! (*Simiane s'approche*). Je suis le plus heureux des hommes..... un rendez-vous ce soir !

SIMIANE. Avec la comtesse ?

LE DUC. Donné par la comtesse.

SIMIANE. Qu'on dise donc qu'il n'y a pas une Providence ! et vous irez ?

LE DUC. Si j'irai ! Quand je devrais mourir au retour, j'irai. Voir ma com-tesse !

SIMIANE. Faire promener le mari pendant qu'on rend visite à la femme... voilà qui est fort bien !

SCENE VIII.

LES MÊMES, JEAN.

L'OFFICIER. Maître Jean Tardy.
(*Jean entre.*)

LE DUC. Ah ! je vous avais bien dit , mon hôte, que vous auriez bientôt de mes nouvelles.

JEAN. C'est vrai !

LE DUC. Vous voyez que je tiens parole. Vous rappelez-vous la conversation que nous eûmes ensemble pendant le souper ?

JEAN. Oui.

LE DUC. Vous souvenez-vous d'avoir blâmé violemment la négligence apportée, selon vous , à l'exécution de la justice.

JEAN. J'ai gardé dans ma mémoire toutes les paroles qui sont sorties de ma bouche.

LE DUC. Eh bien ! le duc est instruit de tout.

JEAN. Tant pis.

LE DUC. Vous regrettez donc ?..

JEAN. Rien ; mais je suis fâché de ne pouvoir plus estimer ceux qui sont allés répéter à leur maître ce qu'ils avaient ouï dire à leur hôte.

LE DUC, *vivement*. Et vous auriez raison si cela était. Mais rassurez-vous, l'hospi-talité n'a pas été trahie.

JEAN. Pardon, mon gentilhomme ; mais je ne comprends rien à votre énigme.

LE DUC. C'est facile à comprendre; l'un de vos hôtes était Emmanuel Philibert lui-même.

JEAN. Est-il possible !.. comment? votre compagnon...

LE DUC. Non, c'est moi.

JEAN *fléchit le genou, baise la main du duc, et se relève*. J'attends les ordres de votre altesse.

LE DUC. Oui , je suis le duc de Savoie, et, selon certaines gens, le tyran de la Sa-voie, et maintenant que nous voilà face à face, ne trembles-tu pas ?

JEAN. Non monseigneur, car ma con-science ne me reproche rien.

LE DUC. Ainsi tu persistes dans ton dire de l'autre jour ?

JEAN. Oui, monseigneur.

LE DUC. Prends garde !

JEAN. Je sais à quoi je m'expose ; mais la vérité et moi nous ne nous quittons ja-mais.

LE DUC. Eh bien ! je veux que tu nous donnes ici, en pleine cour, un échantillon de ton savoir-faire ; dis-nous ce que tu penses, tout ce que tu penses.

(*Mouvement parmi les assistans.*)

JEAN. Prenez garde à votre tour , mon-seigneur : si vous me demandez la vérité, je vous la dirai.

LE DUC. Tout-à-l'heure , je t'en priais, maintenant je te l'ordonne.

(*Cercle autour de Jean.*)

JEAN. Ah ! monseigneur, il y a deux ans, quand vous reprîtes possession de vos états, la vérité ne vous eût pas été si dif-ficile à trouver ; vous n'auriez pas eu be-soin, pour l'entendre, d'envoyer prendre un vieux paysan dans sa montagne ; le premier de vos courtisans vous l'eût dite alors, parce qu'alors elle ressemblait à la flatterie. En ces jours-là, monseigneur, vous étiez l'orgueil et l'espoir de tous ; on croyait voir dans vos mains victorieuses le baume qui devait guérir les blessures de la patrie. Quand vous passiez dans nos val-lées des Alpes, plein de douceur et de mi-séricorde , les vieillards faisaient agenouil-ler leurs fils et leur disaient : « Prosternez-vous, enfans ; c'est le bonheur public qui passe. » Et quand vous entriez dans les bonnes villes de Cluse et de Chambéry, le peuple ne vous laissait marcher qu'entre un tapis de fleurs et une pluie de bénédictions. Au-jourd'hui quand vous passez, les fleurs sont toujours là; les bénédictions, où sont-elles? Pourquoi donc, ô mon Dieu ! avoir si tôt changé nos espérances en regrets, et nos jours de joie en jours de deuil? car à présent, en Savoie, tout ce qui a un cœur souffre, tout ce qui a une voix se plaint, et les deux bouts du duché se répondent en gémissant. C'est tous les jours quelque misère nouvelle : aujourd'hui, l'impôt du seigneur; cette nuit, le pillage du soldat; demain, la gabelle du prince; et au bout, l'emprisonnement. Ici un rapt, là un assassinat, partout le brigandage, la justice nulle part... (*Violens murmures de la cour.*) Peine perdue, messieurs, que vos murmures; vous avez la voix moins forte que le tonnerre et l'avalanche avec qui j'ai souvent parlé. Je dirai donc que le peuple, attaqué par les nobles, est vendu par les magistrats, et que, s'il y a des taches de sang sur tous les blasons, il y a des taches de boue sur toutes les simares! (*Nouveaux murmures.*) Ah! vous m'avez demandé la vérité : tant pis pour vous, vous l'entendrez jusqu'au bout. Pendant que les uns faisaient de nos villes des coupe-gorges, les autres faisaient de la loi une prostituée, et de son temple une caverne... de sorte que la Savoie, lasse de nourrir des hommes pour la misère et des femmes pour le déshonneur, ne demande plus rien à Dieu, qu'une tombe pour ses enfans et un châtiment pour ses oppresseurs. Maintenant, altesse, j'ai tout dit, voilà ma tête.

(Il se couche aux pieds du duc; un moment de silence et d'attente.)

LE DUC. Levez-vous, messire Tardy, grand bailli de Chambéry.

(Mouvement d'étonnement.)

JEAN, *se levant.* Moi, monseigneur?

LE DUC. Vous-même; c'est vous qui avez signalé le mal, mon maître, ce sera vous qui le guérirez. L'administration de la justice est dès ce moment remise entre vos mains.

JEAN. Votre altesse oublie sans doute l'obscurité de ma condition?

LE DUC. Je n'oublie rien, monsieur, et je trouve qu'on est assez noble quand on a du cœur, et assez riche quand on a de la probité.

JEAN. Mais, monseigneur, je ne sais rien?

LE DUC. Vous savez discerner le juste de l'injuste, cela suffit. Pas un mot de plus, ou je croirais que vous n'êtes qu'un fanfaron de vertu.

JEAN. Puisque c'est ainsi, j'accepterai, monseigneur, mais à une condition.

LE DUC. Laquelle?

JEAN. C'est que personne, pas même vous, ne sera exempt d'obéir à la loi; c'est que pas un coupable, fût-ce vous, ne pourra se dérober au châtiment qu'il aura mérité; c'est que vous-même, au besoin, vous me prêterez main-forte pour faire exécuter la justice envers tous et contre tous.

LE DUC. Je vous le promets.

JEAN. Pardon, monseigneur; mais, en des cas pareils, une promesse ne suffit pas. En face de votre cour tout entière, jurez-moi, par votre couronne et sur l'évangile, de faire ce que je vous ai demandé.

LE DUC. Je jure que personne, pas même moi, ne sera exempt d'obéir à la loi... que pas un coupable, fût-ce moi, ne pourra se dérober au châtiment qu'il aura mérité; et que moi-même, au besoin, je vous prêterai main-forte pour faire exécuter la justice envers et contre tous. Par ma couronne et sur l'évangile, je vous le jure.

JEAN, *lui tendant la main.* Touchez là, donc, monseigneur; je suis votre homme.

LE DUC, *y mettant la sienne.* Une bonne gestion, monsieur le grand bailli!

JEAN. Un glorieux règne, mon prince!

ACTE III.

L'hôtel de Montrevel. La chambre de la comtesse. Un lit à colonnes et à rideaux. Sept heures du soir.

SCENE PREMIERE.
LA COMTESSE, *sa* NOURRICE.

LA COMTESSE. Ainsi, nourrice, le comte est parti?

LA NOURRICE. Oui, madame; on l'a vu prendre vers midi la route d'Italie avec toute sa suite.

LA COMTESSE. Et mon page n'est pas encore revenu?

LA NOURRICE. Pas encore, madame.

LA COMTESSE. Que fait donc cet enfant? où est-il? A quoi pense-t-il donc, mon Dieu! de me laisser ainsi toute une journée dans l'inquiétude?

LA NOURRICE. Que pouvez-vous craindre?

LA COMTESSE. Je crains pour lui quelque accident fâcheux; je crains pour cette malheureuse lettre, qui peut avoir été perdue ou surprise. Je crains pour maître Pierre, que je n'ai pas vu depuis qu'il a passé ce matin sous mes fenêtres.

LA NOURRICE. Vous avez tort, madame, d'être triste à cause de cela : il est tout simple que cela se passe de la sorte. Ce page est un jeune homme curieux et étourdi qui, n'ayant pas encore vu de grande ville, aura profité de sa première sortie pour visiter Chambéry d'un bout à l'autre et qui ne sait peut-être pas maintenant comment rentrer à l'hôtel. Si la lettre avait été perdue, vous en auriez déjà entendu parler, et, quant à maître Pierre, il fait preuve de bon sens en ne se montrant pas avant l'heure indiquée.

LA COMTESSE. Je souhaite que tu aies raison. Dis-moi, bonne nourrice, es-tu bien sûre que je n'ai pas mal fait d'écrire à ce jeune homme?

LA NOURRICE. Certainement. Vous avez un message à lui donner pour les gens de vos terres près desquelles il demeure : vous le faites venir pour lui en parler, c'est tout naturel.

LA COMTESSE. Mais c'est que j'ai choisi le moment où mon mari était absent, pour parler à ce jeune homme?

LA NOURRICE. Qu'est-ce que cela fait, madame? Monseigneur le comte est violent d'humeur et difficile à vos moindres volontés. Vous pouvez donc bien faire à son insu ce qui vous convient, quand cela n'est pas mal. Ah! s'il s'agissait d'un gentilhomme... je ne dis pas; mais un paysan...

LA COMTESSE. Est-ce que tu trouves qu'il ressemble à un paysan? Moi, je lui trouve l'air très-noble.

LA NOURRICE. Qui ça? maître Pierre? Moi, je l'ai toujours vu fort mal mis.

LA COMTESSE. Oh! pour mal mis, non. Tu veux sans doute parler de l'étoffe, qui est un peu grossière. Mais ses habits ont sur lui fort bonne grâce. Quelquefois je me dis que c'est peut-être un enfant de grande famille, qui aura été élevé en secret dans les montagnes.

LA NOURRICE. Pour cela, madame, je puis vous répondre du contraire. C'est bel et bien le fils du bonhomme Tardy, car j'étais à son baptême.

(On entend une voix qui chante dans la rue.)

LA COMTESSE, *se levant.* C'est lui!.. écoute.

LA NOURRICE. Quand on parle de quelqu'un...

LA COMTESSE. Descends, descends, bonne, et fais-le entrer bien vite.

LA NOURRICE, *s'en allant.* Oui, madame. Au fait, il faut qu'il soit fou pour chanter ainsi à plein gosier, quand on lui a recommandé le secret. Ces paysans...

(Elle sort.)

LA COMTESSE, *seule.* Que chante-t-il?

> VOIX *dans la rue.*
> Lé z'armailli dei colombette,
> Dé bon matin sé san lêha...
> Ah! ah! ah! ah! ah! ah! ah! ah!

LA COMTESSE. Le ranz des vaches! C'est pour me rappeler les jours que nous avons passés ensemble dans les montagnes. Pauvre Pierre!... en pensant que je vais le voir, là, près de moi, dans cette chambre, je tremble à la fois de bonheur et de crainte... Trembler! pourquoi? je veux lui parler de son pays que j'aime, et voilà tout... O Dieu! le voilà.

LA NOURRICE. Madame la comtesse, ferai-je entrer maître Pierre?

LA COMTESSE. Oui, ma bonne... prie-le d'entrer et laisse-nous.

SCENE II.

LA COMTESSE, PIERRE.

PIERRE. Madame la comtesse me pardonnera-t-elle la liberté que j'ai prise de me présenter devant son hôtel?

LA COMTESSE, *étonnée.* Comment? est-ce qu'on ne vous a rien remis ce matin de ma part?

PIERRE, *vivement.* Non, madame... vous auriez eu la bonté de penser à moi?

LA COMTESSE, *froidement.* Moi? non, maître Pierre. Je me suis trompée... je voulais dire ..

PIERRE, *baissant la tête, à part.* Insensé!

LA COMTESSE, *avec douceur.* Mais, puisque vous voilà, je suis bien aise de vous voir.

(Pierre sourit avec amertume.)

LA COMTESSE. Y a-t-il long-temps que vous êtes à Chambéry?

PIERRE. Je suis parti de là-bas le même soir que vous, madame, et arrivé ici le même jour.

LA COMTESSE. Vous avez dû marcher bien vite pour suivre les chevaux.

PIERRE. Madame la comtesse sait que je suis fait à la fatigue.

LA COMTESSE. Mais vous aviez donc ici quelque affaire bien importante, pour hâter ainsi votre marche?

PIERRE. Une affaire importante, comme celles que nous pouvons avoir dans notre état, vente de bestiaux ou achat de denrées.

LA COMTESSE. Et rien autre chose ne vous appelait à Chambéry?

PIERRE. Et quelle autre chose vouliez-vous qui m'attirât, madame? Est-ce que nous sommes bons à autre chose, nous autres paysans?

LA COMTESSE. Pourquoi dites-vous cela, maître Pierre?

PIERRE. Je dis cela madame, parce que... parce que je suis maître Pierre, comme vous m'appelez fort bien. Oh! je ne me fais pas d'illusion, moi; je sais bien ce que je suis, allez! je suis un paysan, un homme fait pour travailler la terre avec mes mains et suer du matin au soir sur la glèbe... Et quand je dis un homme, erreur! nous des hommes! nous qui récoltons le blé pour n'en point manger,

et qui faisons le vin pour n'en point boire! Par exemple! des bêtes de somme à face humaine, à la bonne heure! et nous devons encore remercier Dieu de ce qu'on ne ne nous vend point au marché avec les bœufs!

LA COMTESSE. Oh! calmez-vous, calmez-vous, monsieur.

PIERRE. Me calmer, quand tous les feux de l'enfer me brûlent! me calmer, quand l'indignation me suffoque; ô rage! se sentir du sang dans les veines, du courage dans le cœur, de l'intelligence dans la tête, et ne pouvoir rien, ni agir, ni parler, ni aimer, rien! Etre malheureux parce qu'on est pauvre, et mal vivre parce qu'on est mal né... Et l'on vient nous chanter qu'il y a une justice divine! (*Riant amèrement.*) Ah! ne vous empêchez pas de rire, madame, si vous en avez envie. Je sais que mes pareils sont faits pour amuser les vôtres.

LA COMTESSE. Non! non! j'ai trop pitié de vos souffrances.

PIERRE. Pitié! toujours la pitié, l'insolente pitié... Voilà leur seul sentiment pour nous, leur seule parole... Merci, madame... je n'en ai pas besoin de votre pitié, je n'en veux pas... je suis un homme libre, madame, un fils des Alpes, un compagnon des aigles, un voisin du ciel... à qui je ne demande rien qu'un peu de soleil pour vivre et un peu de terre pour mourir...

LA COMTESSE. Pierre!

PIERRE. Et quelle pitié... bon Dieu! Si j'avais faim ou soif dans cette maison, on m'enverrait à l'office me rassasier entre le valet de pied de monseigneur et l'épagneul de madame...

LA COMTESSE, *se levant.* Vous m'insultez, monsieur... Monsieur, quand vous voudrez partir, vous êtes libre...

PIERRE, *douloureusement.* Puisque vous me chassez... Je sors... Adieu...

LA COMTESSE, *avec effort.* Adieu..

(Pierre s'éloigne lentement; moment de silence.)

PIERRE, *revenant et se précipitant aux genoux de la comtesse.* Pardonnez-moi! pardonnez-moi, madame la comtesse! pardonnez-moi...

LA COMTESSE, *émue.* Relevez-vous.

PIERRE, *fondant en larmes.* Je vous ai offensée, offensée sans motif; vous si bonne pour moi... vous si tendrement miséricordieuse... vous, madame... Oh! je suis un misérable indigne de tout pardon... mais, si je vous ai offensée, c'est parce que je vous aime...

LA COMTESSE. Malheureux !

PIERRE. Vous me ferez tuer après si vous voulez ; mais il faut que je vous le dise enfin ; je vous aime, madame... depuis six mois entiers, je vous aime et je me tais... Avant de vous avoir vue, j'étais heureux de tout et partout ; j'aimais mes montagnes, mes parens, ma chaumière, ma liberté, mon Dieu... depuis que je vous ai vue, je n'aime plus que vous, madame : Dieu, parens, liberté, montagnes... j'ai tout oublié pour vous; bonheur, espoir, pensée, existence, j'ai tout mis en vous, Hélène... Ma bouche n'a plus répété que votre nom, mes yeux n'ont plus vu que votre image, mon cœur n'a plus battu que pour le vôtre... Hélène ! Hélène ! vous avez mon ame, Hélène ! Hélène ! voulez-vous ma vie ?... Oh ! ne me chassez pas, ne me chassez pas... La Vierge qu'on prie dans les chapelles et à qui l'on dit toutes ses pensées ne renvoie pas les malheureux qui l'implorent... je vous ai parlé comme je lui parlerais, madame ; et si je vous aime plus qu'elle, madame, je vous vénère comme elle.

LA COMTESSE. Je ne dois pas vous entendre davantage.

PIERRE. Me renvoyer, c'est me condamner, pensez-y... Si je dois mourir, que ce soit pour vous et non par vous... je sais que mon amour est fou... aussi, tout ce que je vous demande, c'est un peu de pitié... votre pitié, madame, je vous en supplie... Donnez-moi une place, la dernière, dans un coin de votre maison, pour que j'aie seulement la consolation de dormir sous le même toit que vous, et de respirer le même air... je serai votre valet, je vous servirai à genoux, je ne dirai rien et je ne vous regarderai pas en face... et si vous avez jamais besoin d'un dévouement aveugle et d'un bras courageux, sur un mot, sur un signe, madame, vous serez obéie, en quoi que ce soit, contre qui que ce soit.

LA COMTESSE. Si vous promettez de vous taire...

PIERRE. Je le jure.

LA COMTESSE. Eh bien ! peut-être pourrai-je prier le comte de vous mettre au nombre de ses hommes d'armes.

PIERRE. Homme d'armes du comte ! je hais le comte, madame...

LA COMTESSE. Et pourquoi ?

PIERRE. Parce qu'il est votre mari, madame...

LA COMTESSE, *fâchée.* Ah ! Pierre, vous abusez...

PIERRE, *vivement.* Pardon... ce sera la dernière fois... mais il faut m'excuser, j'ai tant souffert... Oh ! vous ne savez pas quel horrible tourment c'est de renfermer si long-temps un secret comme le mien... Se taire six mois quand on aime ! je n'y tenais plus, madame ; et c'est pour cela que je suis venu à Chambéry.

LA COMTESSE. Ah ! pas pour cela seulement..

PIERRE. Je mentirais si je le disais... je suis venu pour deux choses : vous voir d'abord, et ensuite chercher un homme qui a abandonné ma sœur, madame, après l'avoir séduite..... C'est une entreprise presque désespérée malheureusement, car je ne connais pas cet homme, et je ne sais ni son nom, ni sa demeure. Je n'ai pour tout signe de reconnaissance que ces lettres écrites par lui à ma sœur, et dans lesquelles il dit être de la cour... Oh ! ces gens de cour... s'il m'en tombe jamais un sous la main !...

LA COMTESSE, *vivement.* Cette écriture, voulez-vous me permettre d'y jeter un coup d'œil.

(Elle parcourt rapidement.)

PIERRE. Vous pouvez lire.

LA COMTESSE, *lisant, à part.* O Dieu ! l'écriture du comte !.. (*Lui rendant les lettres.*) Et vous dites que cet homme a séduit votre sœur... maître Pierre?

PIERRE. Séduit, madame, et déshonoré...

LA COMTESSE. Oh ! l'infâme... Et que comptez-vous lui faire, si vous le découvrez ?

PIERRE. Le forcer à une réparation, à un mariage.

LA COMTESSE. Et si cet homme est marié, Pierre?

PIERRE. Le tuer, madame, ou mourir.

LA COMTESSE. Et si vous mourez, que deviendrai-je, moi?

PIERRE. Vous?

LA COMTESSE. Moi qui vous aime, malheureux !

PIERRE. Vous ! m'aimer ! Dieu du ciel ! l'ai-je bien entendu?

LA COMTESSE. Je t'aime, Pierre... je t'aime...

PIERRE, *anéanti.* Elle m'aime...

(Il tombe sur sa chaise.)

LA COMTESSE. Tu parles de tes tourmens? et les miens donc ! tu n'y penses pas... Te voir souffrir tous les jours et te laisser souffrir... te voir mourir peu à peu d'amour... mon Pierre, et ne pas te dire : Je t'aime ! Garder mes souffrances pour moi seule et partager les tiennes ! avoir le cœur plein de deux douleurs, et pas un être à qui l'ouvrir... les yeux gonflés de larmes, et pas un sein où les répandre... obligée de tout cacher à tout le monde, même à toi... Tu étais libre au moins, toi! mais moi! même au milieu des montagnes, dans les longues courses où tu me servais de guide, forcée de faire mentir mon visage et de te paraître indifférente, quand j'aurais voulu... Et mes combats! et mes remords! O Pierre! j'ai bien souffert aussi, moi... Mais tu es là, je t'aime, je te l'ai dit, je suis heureuse...

PIERRE, *la prenant dans ses bras.* Hélène! Hélène! Hélène!...

UNE VOIX, *au dehors.* Allez! et soyez prompts.

LA COMTESSE, *se détachant des bras de Pierre.*) Dieu! le comte!...

PIERRE. Le comte?

LA COMTESSE. Nous sommes perdus... (*Après avoir regardé tout autour de la chambre.*) Perdus!..

PIERRE. Cette fenêtre?..

LA COMTESSE. Fermée par une grille dont le comte à la clef.

PIERRE. Dites-lui que je suis un soldat qui cherche du service... et priez-le de me prendre comme homme d'armes.

LA COMTESSE. Maintenant c'est impossible... il monte, il monte... C'est fait de nous...

PIERRE, *la main à son épée.* Ou de lui.

LA COMTESSE, *l'arrêtant.* Vous êtes fou... Tout l'hôtel contre vous... on vous tuerait et moi aussi... Tenez! derrière ces rideaux, là, cachez-vous.

PIERRE. Me cacher!

LA COMTESSE. Pour moi, vite! voici le comte.

PIERRE, *lui serrant la main.* Je veille sur vous, madame... et si nous devons mourir, nous ne mourrons pas sans vengeance.

(Il se cache derrière les rideaux du lit.)

SCENE III.
LA COMTESSE, LE COMTE.

LE COMTE, *une lettre à la main.* Connaisssez-vous cette lettre, madame?

LA COMTESSE, *regardant la lettre.* Ah! c'est pour cela que vous êtes revenu, monsieur le comte...

LE COMTE. Oui, madame... la connaissez-vous?

LA COMTESSE. Oui, monsieur... c'est moi qui l'ai écrite ce matin.

LE COMTE. Au moins vous êtes franche, madame...

LA COMTESSE. Comme toujours, monsieur...

LE COMTE. Et vous vous rappelez les termes de cette lettre?

LA COMTESSE. Oui, il y a : « Le comte » sera absent ce soir, venez à huit heures, » il faut que je vous voie. »

LE COMTE. Vous devez avoir présent le nom de celui à qui vous l'avez écrite?

LA COMTESSE. Oui, monsieur.

LE COMTE. Et me le direz-vous?

LA COMTESSE. Je sais, monsieur, que vous m'avez trompée, et je crois que vous ne m'avez jamais aimée. Depuis deux ans que nous sommes mariés. je suis malheureuse. Mais, comme nous nous étions juré fidélité, j'ai tenu mon serment tant que je vous ai pu croire esclave du vôtre. Maintenant tout est dit entre nous : faites casser notre mariage en cour de Rome, pour cause de parenté ou telle autre que vous voudrez ; gardez pour vous toute ma fortune présente et à venir, et laissez-moi quitter la Savoie.

LE COMTE, *avec colère.* A qui avez-vous écrit ce matin?

LA COMTESSE. Vous ne le saurez pas, monseigneur.

LE COMTE. Je le saurai, madame.

LA COMTESSE. Je vous ai dit que non, monseigneur, et vous savez que je ne mens jamais.

(On voit remuer les rideaux du lit.)

LE COMTE. Vous! vous savez que les gentilshommes de ma sorte ne violentent pas les femmes, et vous me bravez à cause de cela. Mais tout n'est pas fini là, croyez-le... Que nous nous aimions ou non, ce n'est pas là la question. Ce qui importe, c'est que le nom des Montrevel, que vous portez avec moi, garde, moi vivant, son lustre... Et il le gardera, madame! Où vous mettrez une tache, je mettrai du sang! C'est ainsi que se lavent les hontes dans ma famille. Vous avez écrit ce billet à quelqu'un que vous aimez, quelqu'un a le droit de rire de moi, quelqu'un mourra. Peut-être, au lieu d'une vengeance, ferai-je un crime : vous en répondrez devant Dieu!

LA COMTESSE. Moi?

LE COMTE. Vous qui me forcez à tuer quelqu'un, et refusez de me nommer le coupable.

LA COMTESSE. Il n'y a en ceci de coupables, monsieur le comte, que vous et moi.

LE COMTE. Je ne vous crois pas, madame... pour votre bonheur... Car, si je pensais mon déshonneur consommé, vous seriez déjà morte... morte là !... Quant à l'autre...

LA COMTESSE, *tremblante.* Cet autre, monseigneur, qui supposez-vous que ce soit?

LE COMTE. Le duc.

LA COMTESSE. Le duc !...

LE COMTE. Vous pâlissez... C'est lui!

LA COMTESSE. Monseigneur!

LE COMTE. Qu'allez-vous me dire? que votre billet ne portait point d'adresse, et que, par conséquent, il n'était pas destiné au duc, n'est-ce pas? peut-être même qu'il n'était destiné à personne? Ce serait mieux. Ou bien me répéterez-vous ce que m'a soutenu ce matin, avec une imperturbable effronterie, votre page, quand je lui ai surpris la lettre entre les mains; que le rendez-vous était pour un certain paysan des montagnes, nommé Pierre ou Paul, je ne sais plus? En vérité, madame, vos défaites sont bonnes! et je suis bien homme à me payer d'histoires pareilles! Moi, je vous dis que c'est le duc, et ce ne peut pas ne pas être lui. Vous ne connaissez que lui à Chambéry. Il a passé quinze jours entiers à notre château de Montrevel, sous prétexte de chasse, mais à cause de vous. Il m'a forcé de vous amener à la cour malgré mon serment. Il est jeune, il est beau, il est prince, il vous aime et vous l'aimez.

LA COMTESSE. Moi! je l'aime!

LE COMTE. Vous l'aimez, et il mourra! tout est prêt. Le duc, à qui j'ai fait porter une copie de votre lettre, et qui me croit en route pour l'Italie, viendra seul ici, à huit heures; à la même heure, le bravo Sileto...

LA COMTESSE, *avec effroi.* Sileto!

LE COMTE. Le bravo Sileto qui a promis de faire, moyennant cent ducats d'or, ce que je lui ordonnerais, montera par cette fenêtre dont il a la clef. Je le ferai cacher avec moi sous les rideaux de votre lit.

LA COMTESSE. O mon Dieu!

LE COMTE. Oui, madame, et quand le duc entrera, nous le tuerons.

LA COMTESSE. Tuer le duc, monseigneur! votre souverain! Prenez garde, au nom du ciel! demain la Savoie viendra vous en demander compte.

LE COMTE. Demain il n'y aura plus de Savoie, madame. Le duc mort, ses partisans seront égorgés, sa capitale incendiée, ses états livrés...

LA COMTESSE. Livrés!

LE COMTE. A la France, madame. C'est un complot fait et qui, pour éclater, n'attend qu'un mot de moi.

LA COMTESSE. Mais ce mot, vous ne le direz pas, monseigneur?

LE COMTE. Je vous jure sur mon honneur que je le dirai.

LA COMTESSE. Quoi! tous les partisans du duc, vous les massacrerez, monseigneur?

LE COMTE. Jusqu'au dernier.

LA COMTESSE. Même ma famille?

LE COMTE. Comme les autres.

LA COMTESSE. Et vous ferez mettre le feu à Chambéry?

LE COMTE. Aux quatre coins de Chambéry.

LA COMTESSE, *à genoux.* Ne faites pas cela, ne faites pas cela, monseigneur! Je vous demande grâce à genoux, grâce pour les vieillards, pour les femmes, pour les enfans, pour Chambéry, pour la Savoie... Tuez-moi, si vous voulez, mais ne brûlez pas votre ville; tuez-moi, mais ne vendez pas votre pays.

LE COMTE. Ne me parlez point de patrie, madame, ne me parlez pas de famille, ne me parlez pas de devoir! Devoir, famille, patrie, c'est vous qui me faites tout perdre et tout trahir. C'est votre amour qui enfonce le poignard au flanc du prince; c'est votre infidélité qui lâche dans nos rues la guerre civile; c'est votre bon plaisir qui met le feu à nos maisons; c'est votre trahison qui jette la Savoie aux mains de l'étranger. J'en laisse tomber sur votre tête toute la responsabilité, madame; et si, au milieu des hurlemens, quelqu'un dit, en voyant la ville sanglante se débattre aux bras de l'incendie : « C'est le comte de Montrevel qui se venge! » un autre répondra : « Non, c'est la comtesse de Montrevel qui s'amuse! »

LA COMTESSE. O mon Dieu !... Mais, monseigneur, je vous jure que ce n'est pas le duc.

LE COMTE. Qui donc?

LA COMTESSE. Me promettez-vous sa vie?

LE COMTE. Non.

LA COMTESSE. Je ne le nommerai pas.

LE COMTE. Le duc mourra.

LA COMTESSE. Que Dieu nous juge, monseigneur!

LE COMTE. Je vais vous conduire dans ma chambre, où vous resterez enfermée jusqu'à ce que tout soit fait. Je fermerai derrière moi cette porte, afin que personne ne pénètre ici en mon absence, excepté l'homme que je vous ai dit ; et, pour cela, je m'en vais attacher moi-même une échelle de cordes à la fenêtre.

(Il sort.)

SCENE IV.

LA COMTESSE, PIERRE.

LA COMTESSE. Nous sommes perdus, Pierre !

PIERRE, *passant la tête entre les rideaux.* Taisez-vous, et nous sommes sauvés !

(Il rentre derrière les rideaux.)

SCENE V.

LA COMTESSE, LE COMTE.

LE COMTE, *rentrant avec une échelle de cordes.* Me voici, madame… (*Il va attacher l'échelle de cordes à la fenêtre.*) Là !…(*Revenant à la comtesse.*) Vous n'avez rien à me dire, madame?

LA COMTESSE. Rien, monseigneur.

LE COMTE. Votre main.

(Il lui prend la main, l'emmène , sort avec elle, et ferme la porte en dehors.)

SCENE VI.

PIERRE, seul.

Mon Dieu, pardonnez-moi ce que je vais faire ! c'est pour Hélène. (*Il va à la fenêtre , arrache l'échelle de cordes et ferme les deux battans en dedans.*) C'est bien… mon épée joue-t-elle bien dans le fourreau? oui. (*Il se passe les mains sur la figure.*) Maintenant, la figure calme…j'entends le comte.

SCENE VII.

PIERRE, LE COMTE.

PIERRE. Me voici, monseigneur.

LE COMTE. Tu es?..

PIERRE. L'homme que vous avez envoyé quérir ce matin et que vous attendiez ce soir.

LE COMTE. Ton nom?

PIERRE. Sileto.

LE COMTE. Tu as apporté?..

PIERRE. Mon épée seulement… elle suffira.

LE COMTE. Comment es-tu entré ?

PIERRE. Par cette fenêtre , dont j'ai ouvert la grille.

LE COMTE. Où est la clef?

PIERRE. Dans l'étang où je l'ai laissée tomber par mégarde. Voici l'échelle de cordes que j'ai détachée.

LE COMTE. Il me semble t'avoir déjà vu.

PIERRE. C'est possible, monseigneur, on se rencontre dans ce monde.

LE COMTE. C'est bien. Tu sais ce que tu as à faire ?

PIERRE. Oui, monseigneur, et à quelles conditions : je dois tuer un homme pour cent ducats d'or.

LE COMTE. Oui : sais-tu quel est cet homme ?

PIERRE. Non ; mais ce doit être, vu la somme, un personnage considérable.

LE COMTE. C'est le duc.

PIERRE. Ah !

LE COMTE. Tu le tueras?

PIERRE. Oui.

LE COMTE. J'ai fait éloigner tout le monde d'ici, personne n'entendra ni ne verra.

PIERRE. C'est bien.

LE COMTE. Sileto, c'est un terrible pacte que nous allons contracter ensemble : il faut donc qu'aucun des deux ne puisse se dédire et trahir l'autre.

PIERRE. C'est juste.

LE COMTE. Tu sais écrire ?

PIERRE. Oui, monseigneur.

LE COMTE. Écris sur ce parchemin que tu t'engages à tuer le duc, ce soir, au prix de cent ducats d'or, et signe.

PIERRE. Mais, monseigneur…

LE COMTE, *vivement.* Moi, je vais de mon côté t'écrire et te signer la promesse de te payer les cent ducats d'or, et de te protéger contre toute poursuite, quand tu auras tué le duc. Tu hésites?

PIERRE. Non, monseigneur.

LE COMTE. A la bonne heure.

(Ils écrivent.)

PIERRE , *lui tendant le parchemin.* Voilà mon engagement, monseigneur.

LE COMTE, *lisant.* « Je m'engage à tuer, ce soir, le duc Emmanuel-Philibert, au prix de cent ducats d'or. Le 20 octobre 1560. *Signé* Sileto. » Fort bien, voici le mien.

PIERRE, *lisant.* « Je m'engage à payer à Sileto la somme… (*S'arrêtant et regardant le comte.*) C'est vous qui avez écrit cela ?

LE COMTE, *pliant le parchemin que Pierre lui a donné et le cachant dans son pourpoint.* Oui… qu'y a-t-il après ?

(Pierre fouille vivement dans le sien, y prend les lettres, et les compare rapidement avec le parchemin que lui a remis le comte, puis les laisse tomber.)

PIERRE. Il y a , monseigneur, que vous êtes un misérable.

LE COMTE. Maître Sileto !

PIERRE. Je ne me nomme pas Sileto , je me nomme Pierre Tardy, frère de Madeleine Tardy que vous avez déshonorée.

LE COMTE. Toi, Pierre Tardy!

PIERRE. Moi-même, votre hôte l'autre jour, aujourd'hui votre ennemi, et si vous avez besoin de preuves, voyez ces lettres.

(Il lui présente les lettres.)

LE COMTE. Et que m'importent à moi ces lettres?

PIERRE. Ce qu'elles vous importent, monseigneur ! peu de chose, en vérité , comme à nous. Elles ont coûté à ma sœur l'honneur; à vous elles coûteront la vie.

LE COMTE. La vie?

PIERRE. La vie. Ah! tout n'est pas amusement avec nous autres, monseigneur!.. Après la séduction vient la vengeance... après les larmes de la sœur, vient l'épée du frère... En garde donc, monseigneur , et réglons nos comptes, s'il vous plaît.

LE COMTE , *allant vers la porte*. Holà ! du monde ici...

PIERRE , *lui barrant le chemin*. Un pas de plus, vous êtes mort... Quant au bruit, comme personne ici ne peut nous entendre, vous le savez bien , vous pouvez appeler à votre aise. Mais, si j'ai un conseil à vous donner, comte de Montrevel , c'est de ne pas lasser ma générosité, et de vous mettre en garde avant que je me mette en colère.

LE COMTE. Vous êtes fou, mon maître : les gens de ma sorte ne se battent pas avec ceux de la vôtre.

PIERRE. Pardonnez-moi, monseigneur; les scélérats se battent tous les jours avec les honnêtes gens.

LE COMTE. Si vous avez à vous plaindre de moi, prenez un parrain de ma qualité, et je répondrai comme il convient à toutes ses demandes.

PIERRE. Oui, que j'aille contre toi prendre pour défenseur un homme comme toi! Non, pardieu ! vous êtes tous les mêmes dans la noblesse; je vous hais tous, parce que vous êtes insolens, et je vous méprise tous, parce que vous êtes. fainéans. Es-tu content maintenant, et te défendras-tu?

LE COMTE , *froidement*. Un duel entre nous est impossible, je suis gentilhomme, et vous ne l'êtes pas.

PIERRE. Je suis plus noble que toi, comte de parade : tu portes ta noblesse au cou, et je l'en arrache. (*Il lui arrache les*

ordres dont il est décoré.) Je porte la mienne au cœur ; viens l'y prendre.

LE COMTE , *tirant à moitié l'épée*. Misérable!... non.

(Il remet son épée.)

PIERRE , *outré*. Défends-toi... je suis l'amant de ta femme.

LE COMTE. Toi ?

PIERRE. Moi, moi, Pierre le paysan, le manant... Je suis l'amant de ta femme, de la comtesse de Montrevel, comme tu as été celui de ma sœur, la paysanne.

LE COMTE. Tu mens.

PIERRE. Je mens!.... la preuve, c'est qu'elle m'a écrit une lettre, donné un rendez-vous, reçu ici en ton absence, serré dans ses bras, caché dans son lit, là, dans son lit ; c'est que j'ai entendu toute votre conversation , tes menaces, ses refus, tes projets d'assassinat, d'incendie , de trahison, tout : je t'ai vu apporter ton échelle qui n'a servi à personne, à personne, entends-tu, imbécile... (*Riant aux éclats.*) Ah! pauvre comte! pauvre comte!

LE COMTE. Il me fallait une victime ; c'est toi qui me tombes sous la main... faute de mieux, je te prends. En garde , paysan, et tâche de bien mourir.

PIERRE, *tirant son épée*. Ah! tu me trouves donc assez gentilhomme à présent!

(Ils fondent l'un sur l'autre, et s'attaquent avec fureur; la porte s'ouvre, le duc entre.)

SCENE VIII.

PIERRE , LE COMTE, LE DUC.

LE DUC. Un duel! le comte ici !

LE COMTE. Le duc!...

PIERRE. Le duc !...

LE DUC. Bas les armes , messieurs.... j'ai à vous parler, comte.

PIERRE *et* LE COMTE. Laissez-nous, monseigneur!

LE DUC. Silence ! je vous somme tous deux, sous crime de rébellion, (*à Pierre*) vous, de sortir ; (*au comte*) vous, de rester.

PIERRE, *bas au comte*. Puisqu'il le faut , je sors ; mais je ne serai pas loin, comte.

LE COMTE. Tu m'attendras?..

PIERRE. A ta porte... et hâte-toi, ou je ne réponds pas de ma patience.

LE COMTE. Sois tranquille, je ne te ferai pas languir long-temps.

PIERRE. C'est bien !

(Il sort.)

SCENE IX.

LE DUC, LE COMTE.

LE DUC. Vous ici, Montrevel, vous, parti ce matin pour l'Italie! Il y a trahison en ceci, monsieur, et je vous jure que vous m'en rendrez bon compte.

LE COMTE. Eh bien! oui, monseigneur, j'étais jaloux, follement jaloux de vous... Nous nous sommes entendus, Villars, Cossonet, Montmaieur et moi... vous deviez mourir ce soir, que sais-je? et l'armée se révolter demain... Cet homme, cet homme que vous venez de voir, m'a signé une promesse de vous assassiner.

LE DUC. Mais la Savoie, monsieur, qu'en auriez-vous fait?

LE COMTE. On la livrait à la France.

LE DUC. Misérable! votre épée...

LE COMTE. Mon épée!... Quoi! monseigneur, après?...

LE DUC. Je vous arrête, monsieur; non pas au nom du duc que vous vouliez assassiner, mais au nom du pays que vous vouliez trahir.

LE COMTE. Vous me feriez juger?

LE DUC. Juger et décapiter : l'homme qui vend son pays est indigne de vivre.

LE COMTE. Et cet homme m'échappera donc?... Ah! demain ce que vous voudrez, monseigneur! mais ce soir il faut que je rejoigne cet homme.

LE DUC. Vous resterez ici.

LE COMTE. De gré ou de force, je sortirai, monseigneur.

LE DUC, *mettant aussi l'épée à la main.* Vous êtes heureux, monsieur : l'épée du duc vous sauvera de la hache du bourreau.

LE COMTE. Comme il n'y a point de témoins, celui qui tuera l'autre, passera pour assassin.

(Il tire son épée.)

LE DUC. Assassin!

LE COMTE. Oui, monseigneur, toutes les chances sont contre vous : je sortirai ou vous m'aurez assassiné.

LE DUC. Assassinat ou non, tu ne sortiras pas.

(Ils se battent.)

ACTE IV.

Une salle de l'Hôtel-de-Ville de Chambéry. Le matin.

SCENE PREMIERE.

JEAN, DEUX EXEMPTS DE POLICE.

JEAN. Vous êtes-vous acquitté du message dont je vous avais parlé pour le duc?

PREMIER EXEMPT. Oui, messire.

JEAN. Qu'a-t-il répondu?

PREMIER EXEMPT. Son altesse viendra.

JEAN. A l'heure dite?

PREMIER EXEMPT. A l'instant même.

JEAN. C'est bien. Allez maintenant dire à messires le juge-mage et le portier de ville que je les somme, au nom de leur devoir, de se rendre ici sans retard. Allez! *(L'exempt sort. Au deuxième exempt.)* Quelles nouvelles des trois conjurés?

DEUXIÈME EXEMPT. Messire, ils ont été poursuivis à toute bride jusqu'à la frontière de France où ils se sont réfugiés.

JEAN. Les voilà hors du royaume; c'est bien; on instruira leur procès. Et de mon fils, Pierre Tardy, quelles nouvelles?

DEUXIÈME EXEMPT. Messire, on l'a vu hier, dans la journée, à l'auberge de l'*Aigle couronné*, et le soir, par devers l'hôtel de Montrevel. On ne sait pas où il a passé la nuit.

JEAN. Comment! un étranger peut dormir quelque part dans la ville sans que vous sachiez où? La police est mal faite à Chambéry; il faut que cela change; arrangez-vous de manière à trouver mon fils aujourd'hui même, et à l'amener ici. *(L'exempt sort.)* O mon Dieu! j'ai vécu trente ans dans ma chaumière, au milieu

SCENE IV.

LES MÊMES, PIERRE, *au fond.*

JEAN, *reculant.* Mon fils !

PIERRE, *s'arrêtant.* Mon père !

LE DUC. Sortons, messieurs... Au revoir, monsieur le grand bailli ; soyez juste.

(Il sort avec ses gardes ; le juge-mage et le portier de la ville les suivent avec les leurs.)

SCENE V.

JEAN, PIERRE.

JEAN, *cachant sa tête dans ses mains.* O Dieu !

PIERRE, *courant à lui les bras ouverts.* Mon père !

JEAN, *l'arrêtant du geste.* Non, ton juge : un juge inexorable, Pierre, qui ne connaît plus au monde que des innocens ou des coupables ; un juge qui n'a pas voulu faire grâce à son prince, et ne pourrait pas faire grâce à son fils... Songes-y.

PIERRE, *baissant la tête.* Hélas !

JEAN. Je vais vous interroger : vous allez répondre.

PIERRE. Je suis prêt.

JEAN. O Pierre ! tu sais si je dois désirer de te trouver innocent.... Mais n'importe, Pierre, même pour moi, ne mens pas.

PIERRE. Soyez tranquille, mon père.

JEAN, *prenant le parchemin.* Connaissez-vous ?.. mais au moins ne va pas t'accuser à tort. (*Pierre secoue tristement la tête.*) Connaissez-vous ce parchemin ?

PIERRE. Oui.

JEAN. Oui !... mais ce n'est pas toi, n'est-ce pas, qui l'as écrit ?

PIERRE. Si fait, mon père.

JEAN. Et signé ?

PIERRE. Aussi.

JEAN, *regardant le parchemin.* Hélas ! (*Lisant.*) « Je, etc. » Mais ce n'est pas ton nom qui est au bas... Sileto ! Il y a Sileto, et non Pierre.

PIERRE. Oui... c'est bien Sileto qui est écrit ; mais c'est Pierre qui a écrit.

JEAN. En effet cet homme est arrêté depuis hier matin... mais, malheureux enfant, qui donc a pu te pousser à cela ?

PIERRE. Je ne puis pas le dire, mon père.

JEAN. Et tu sais quelle peine t'est réservée pour avoir fait cela ?

PIERRE. Oui... la mort.

JEAN. La mort ! la mort ! Toi, mourir, mon Pierre, et mourir condamné par moi !... Non ! non ! Dieu ne permettra pas cela... Tu te justifieras... tu es bon... tu es généreux... tu ne peux avoir eu la pensée d'un crime... Un crime, toi ! non ; on t'aura forcé à cela, on t'aura trompé, perdu... ou le duc t'aura insulté ; n'est-ce pas qu'il t'a insulté, le duc ? et alors la vengeance... cela se conçoit dans un jeune homme... Mais justifie-toi donc, Pierre... défends-toi... je t'en supplie à genoux.... une excuse, une apparence, quelque chose. Parle, qu'as-tu à dire ?

(Il tombe aux genoux de Pierre.)

PIERRE. Rien, mon père.

JEAN, *se relevant.* Rien !... ah ! c'était donc pour cela que tu te cachais de moi depuis si long-temps !... c'était pour cela que tu passais des nuits entières loin du toit paternel ; c'était pour cela que tu nous faisais veiller dans les angoisses et dans les larmes !... c'était pour le crime, c'était pour la honte !... Quoi ! sans respect pour les cheveux blancs de ton père, sans pitié pour le cœur brisé de ta vieille mère, sans pudeur pour le nom que tu portes comme nous ! .. (*Pierre s'approche de lui ; il recule.*) Je ne vous connais plus misérable ! vous faites métier de l'assassinat !

PIERRE. Moi, faire métier de l'assassinat !... moi, tuer pour de l'argent... et je ne puis parler... Non ! vous le dites, mais vous ne le croyez pas... je me suis perdu moi-même... mais m'avilir, jamais !... on ne fait pas de ces choses-là quand on est votre fils, mon père... mes mains sont toujours pures, ma conscience toujours tranquille ; je suis toujours digne de vous, mon père, embrassez-moi.

(Jean se jette dans ses bras et pleure sur lui.)

JEAN. Mon enfant ! mon enfant !

PIERRE. Quand faudra-t-il que je meure, mon père ?

JEAN. Demain !..

PIERRE. Hélas ! j'aurais pourtant bien voulu la revoir...

JEAN. Qui donc ?..

PIERRE. Ma mère.

JEAN. Ta mère ?.. Pauvre Thérèse !..

PIERRE. Plaise à Dieu qu'elle ne soit pas ici, ni ma sœur non plus, quand... au moment où...

JEAN. Non, elles sont encore là-bas... chez nous.

PIERRE, *respirant.* Quel bonheur !.. ma pauvre Madeleine .. vous l'embrasserez bien pour moi, mon père, n'est-ce pas ?..

JEAN, *sanglotant.* Oui... oui...

PIERRE. Et ma mère aussi... cette bonne mère... vous leur direz que je les aime bien toutes les deux.

JEAN. Pierre, il est impossible que tu aies commis ce crime, et je suis sûr que si tu voulais tu pourrais te sauver.

PIERRE. C'est vrai, mon père.

JEAN. Ah ! je le savais bien, moi, que tu n'étais pas coupable !..

PIERRE. Mais je ne le veux pas.

JEAN. Tu ne le veux pas ?

PIERRE. Non, pour me sauver, il faudrait commettre une lâcheté, et vous-même, à ce prix, vous ne rachèteriez pas ma vie.

SCENE VI.

LES MÊMES, THÉRÈSE, MADELEINE, *retenues par les exempts qui ne veulent pas les laisser entrer.*

PIERRE. Ma sœur ! ma mère !..

JEAN, *à part.* O mon Dieu !.. pourquoi les avoir amenées ?.. (*A Madeleine qui l'embrasse.*) Bonjour, bonjour... mon enfant...

THÉRÈSE, *embrassant Pierre.* Bonjour, mon Pierre !.... je suis heureuse de te voir...

JEAN, *à part.* Heureuse !..

THÉRÈSE. Tu ne dis rien... qu'as-tu, Pierre ?

PIERRE, *calme.* Rien, ma mère.

THÉRÈSE. Et toi, Jean ?..

JEAN. Moi ?..

(Il tombe assis et se cache la figure en sanglotant.)

THÉRÈSE, *cherchant à lui écarter les mains.* Jean !..

PIERRE, *bas à Madeleine qui s'est approchée de lui.* Ton séducteur, le comte François de Montrevel, est mort.

MADELEINE, *pâlissant.* Mort !..

PIERRE, *de même.* Il ne te reste plus qu'un asile, ma sœur... le couvent.

MADELEINE. Est-ce que tu m'abandonneras, toi ?

PIERRE. Moi ?

(Il détourne la tête en pleurant.)

MADELEINE, *haut.* Tu pleures !

THÉRÈSE, *montrant Jean.* Il pleure aussi; qu'est-ce qu'il y a donc, mon Dieu !.... Jean ?..

JEAN. Demande à Pierre pourquoi il ne veut pas avouer.

THÉRÈSE. Avouer !.. avouer quoi ?

PIERRE, *se jetant aux genoux de Thérèse.* Allez-vous-en, ma mère, allez-vous-en ! au nom de Dieu, allez-vous-en !..

THÉRÈSE. Jamais, jamais !... qu'a-t-il fait ?

JEAN. Il a signé une promesse d'assassiner le duc.

THÉRÈSE *et* MADELEINE. Malheureux !

THÉRÈSE. Et il est condamné ?

JEAN. Oui.

MADELEINE. A mort ?

JEAN. Oui.

THÉRÈSE. Ah !.. (*Moment de silence.*) Par qui ?

JEAN. Par le grand bailli.

THÉRÈSE. Mais... le grand bailli.

JEAN. C'est moi.

THÉRÈSE. Toi !.. Comment ! Pierre, ton fils... ton sang, tu l'as condamné ?

JEAN. Il l'a fallu.

THÉRÈSE. Il l'a fallu !.. depuis quand faut-il que les pères tuent leurs enfans ?

JEAN. Il faut tout faire quand le devoir l'ordonne.

THÉRÈSE. Le premier devoir d'un père est d'aimer ses enfans, Pierre est ton fils.

JEAN. Le premier devoir d'un magistrat est de rendre justice à tous... Pierre est coupable.

MADELEINE. Pierre coupable ! il ne peut pas l'être, mon père.

JEAN, *se levant.* C'est ce que j'ai dit.... mais il ne veut rien avouer.

MADELEINE. S'il avouait, mon père, vous le sauveriez ?

JEAN. Si je le sauverais.,. parle donc Pierre, tu vois que nous t'écoutons.

PIERRE. Vous savez bien que je ne puis rien dire, mon père...

JEAN. Quand on a un père, une mère, une sœur, et que votre vie est leur vie, on doit tout sacrifier pour la sauver.

PIERRE. Tout, hors l'honneur.

JEAN. Mais si tu te tais, cruel enfant, tu forces ton père à te condamner.

PIERRE. Et si je parle, à me mépriser. Lequel aimez-vous mieux ?

THÉRÈSE. Quoi ! ce secret, cet horrible secret qui te perd, tu ne le diras pas même à ta mère ?

PIERRE. Non, car ma mère le dirait à mon juge, et ce secret doit mourir là.

(Il met la main sur son cœur.)

JEAN. Alors pardonne-moi ma justice.

PIERRE. A condition que vous me pardonnerez mon silence.

JEAN. Ta main, Pierre.

(Ils se jettent dans les bras l'un de l'autre.)

PIERRE, *après un moment*. Votre dernière bénédiction, mon père.

(*Il se met à genoux.*)

JEAN. Ton juge t'a condamné, Pierre ; maintenant ton père te bénit... je te pleurerai sur la terre, mon enfant; prie pour moi dans le ciel.

(*Il se relève et le serre long-temps dans ses bras en pleurant.*)

MADELEINE. Pour moi, pour ma mère, excuse-toi.

THÉRÈSE. Jean ! ne me tue pas, mon enfant ! ne me tue pas.

MADELEINE. Ta mort, c'est notre mort, Pierre... veux-tu nous faire mourir toutes les deux ensemble de désespoir ?

THÉRÈSE, *à Jean*. Qu'est-ce que tu veux que nous devenions, quand Pierre ne sera plus là? tu sais bien que sans lui nous ne pouvons pas vivre...

MADELEINE. Aie pitié de nous, mon frère...

(*Elle se met à ses genoux.*)

THÉRÈSE, *de même*. Grâce! grâce! grâce!

JEAN, *tombant aussi à genoux*. Nous sommes à tes genoux, Pierre.... nous t'en supplions... parle...

TOUS. Parle! parle !

PIERRE. Rien.

JEAN, *se relevant*. Gardes! (*Les gardes paraissent.*) Qu'on emmène le prisonnier!

THÉRÈSE, *tombant renversée*. Ah!

MADELEINE. Grâce, mon père !

JEAN, *tristement*. Et qu'on emmène ces femmes... (*Les gardes exécutent les ordres.*) Me voilà seul maintenant, tout seul en face de mon devoir.

ACTE CINQUIÈME.

La salle du trône au Palais-Ducal. Chambéry. Midi.

SCENE PREMIERE.

DEUX GARDES.

PREMIER GARDE. Quelle heure ?

DEUXIÈME GARDE. Midi bientôt.

PREMIER GARDE. Nous allons donc être relevés de garde , et nous serons à temps sur la place pour voir se faire la chose.

DEUXIÈME GARDE. Bah !... il n'y aura peut-être rien.

PREMIER GARDE. Comment ? peut-être rien... on dit que le jugement est rendu, et que le jeune homme est tout prêt à mourir.

DEUXIÈME GARDE. Vraiment?... Et comment prend-il cela ?

PREMIER GARDE. Très-bien , à ce qu'il paraît. Il est aussi tranquille qu'un saint dans sa niche... Ah! ce sont de drôles de gens dans cette famille-là : Le père condamne son fils à mort, comme si c'était un autre, et le fils semble penser à l'échafaud comme si c'était autre chose.

DEUXIÈME GARDE. Mais ce vieux-là , qu'est-ce qu'il a donc ?

PREMIER GARDE. Il a le diable au corps. N'a-t-il pas hier jugé le duc, et ne l'a-t-il pas assigné aujourd'hui pour entendre et subir la sentence?... cette imagination !

DEUXIÈME GARDE. Il est bon là encore de croire que le duc se laissera couper le cou comme un mouton du Valais, pour lui faire plaisir!

PREMIER GARDE. Quant à cela , on ne sait pas encore à quoi il veut le condamner. Ainsi...

DEUXIÈME GARDE. C'est égal, je suis curieux de voir la mine qu'ils vont faire tous les trois, surtout le vieux.

PREMIER GARDE. Il y en a bien d'autres, de curieux... Tout Chambéry est là, sur la place... attendant le moment...

DEUXIÈME GARDE. Pauvre bon homme ! je ne sais pas trop ce qu'il a en tête; mais j'ai peur que cela ne finisse pas bien pour lui.

PREMIER GARDE. Silence ! voici le duc.

(Midi sonne, les gardes sont relevés par un officier.)

SCENE II.
SIMIANE, LE DUC.

SIMIANE. Midi sonne, monseigneur.

LE DUC. Eh bien?

SIMIANE. Votre altesse va-t-elle se rendre à la sommation du grand bailli?

LE DUC. Moi? j'irais me mettre entre les mains de ce paysan, pour entendre et subir la sentence qu'il lui plaira de prononcer? non, Simiane! Dieu n'a pas fait de moi une altesse souveraine et couronnée pour que j'aille soumettre ma dignité aux caprices du premier venu... si je me rendais encore à des ordres, ce n'est pas moi seulement, mais la royauté tout entière que je jetterais en proie aux mauvaises passions de la multitude.

SIMIANE. Mais votre altesse sait bien qu'elle n'a rien à craindre de personne.

LE DUC. Rien sans doute pour ma vie; mais pour mon honneur, Simiane, mais pour mon autorité!.. Qui sait l'effet que produirait sur toute cette foule assemblée qui hurle de joie en m'attendant sur les places, la parole de ce pâtre jugeant et condamnant son prince?.. D'ailleurs il serait mauvais pour cet homme que je me retrouvasse en face de lui; certainement la patience me manquerait à une seconde épreuve, et alors!.. mais, Dieu merci! il n'en sera rien, le grand bailli me laissera désormais tranquille, sois en sûr, et m'épargnera la peine de violer ma parole, en ne tenant pas la sienne... son fils est accusé de meurtre comme moi, et je ne serai pas plus condamné que lui.

UN OFFICIER DES GARDES, *annonçant.* Un envoyé de messire le grand bailli.

SCENE III.
LES MÊMES, UN OFFICIER DE JUSTICE.

L'OFFICIER DE JUSTICE. Monseigneur, messire le grand bailli m'envoie vers votre altesse pour la sommer une seconde fois de comparaître en la grande galerie de la maison de ville, pour vous entendre lire et voir exécuter votre sentence.

LE DUC. Monsieur, allez dire à celui qui vous a envoyé qu'il a mis ma patience à bout, et qu'il fera bien de se taire aujourd'hui, s'il tient à vivre encore demain... Allez, et que Dieu vous garde de revenir!

(L'officier de justice sort.)

L'OFFICIER DES GARDES. Mme la comtesse de Montrevel sollicite l'honneur d'entretenir votre altesse.

LE DUC. Faites entrer Mme la comtesse de Montrevel... Laisse-nous, Simiane.

SCENE IV.
LE DUC, LA COMTESSE.

LA COMTESSE, *en deuil, entrant précipitamment.* Monseigneur, je viens vous demander grâce, grâce à genoux...

LE DUC, *la relevant.* Relevez-vous, madame, relevez-vous, et laissez-moi vous remercier d'être venue à moi la première, tandis que je n'osais plus aller à vous... Ah! bénie soyez-vous de m'avoir rendu cette présence chérie, sans laquelle je ne pourrais plus désormais vivre, et dont je ne croyais plus pouvoir espérer le bienfait.

LA COMTESSE. Monseigneur!

LE DUC. Le comte est mort, madame... mort de ma main, je me le rappelle, mais cela a été moins ma faute que la vôtre peut-être... (*La comtesse fait un mouvement.*) C'est mon amour pour vous, madame, qui m'a fait aller à ce funeste rendez-vous... c'est mon amour qui m'a fait tuer le comte! oui, madame, je le haïssais!.. de vous posséder, cet homme-là me cachait mon soleil et me gâtait ma vie, il fallait que l'un des deux disparût de la terre, et j'ai frémi de joie en sentant son épée se heurter à la mienne... je lui ai dit à lui qu'il mourrait pour sa trahison, mais je me disais à moi qu'il mourrait à cause de son bonheur.

LA COMTESSE. Écoutez-moi, monseigneur! écoutez-moi... Il y a un homme qui doit périr, et que moi je dois sauver au prix de ma vie... sa grâce, monseigneur!..

LE DUC. Voilà bien long-temps que je souffre, moi; voilà bien long-temps que je souffre sans espoir!.. Le bonheur me sera-t-il toujours défendu?.. le jour où je viendrai mettre à vos pieds mon cœur, ma vie, ma main, ma couronne, dites, madame, les repousserez-vous.

LA COMTESSE. Et vous, monseigneur, la seule prière que je vous adresse, ne l'exaucerez-vous donc pas?

LE DUC. Que voulez-vous?

LA COMTESSE. La grâce de Pierre Tardy, monseigneur.

LE DUC. La grâce de mon assassin!

LA COMTESSE. Il est innocent...

LE DUC. Lui!

LA COMTESSE. On a dû le croire coupable parce qu'il aura, sans nul doute, caché la vérité; mais vous le saurez innocent, vous, monseigneur, quand je vous l'aurai dite.

LE DUC. Et la vérité?

LA COMTESSE. C'est mon déshonneur...

LE DUC. Votre déshonneur!...

LA COMTESSE. Quand le comte vint me dire qu'il attendait un homme pour vous assassiner..... Pierre était caché dans ma chambre.

LE DUC. Dans votre chambre, madame?

LA COMTESSE. Il avait tout entendu, et, craignant d'être découvert, s'il continuait à se cacher, il s'est présenté au comte comme l'assassin attendu par lui; et, pour sauver mon honneur, il a donné le sien avec sa vie.... Maintenant que je vous ai tout dit, monseigneur, sauvez-le.

LE DUC. Mais dans votre chambre, madame, qui l'avait amené?

LA COMTESSE. Moi!

LE DUC. Vous!... Est-ce que vous aimeriez cet homme-là, madame!

LA COMTESSE. Oui, monseigneur.

LE DUC. Alors priez pour son ame..... il mourra.

LA COMTESSE. Mourir!... Vous m'aviez fait espérer sa grâce pourtant...

LE DUC. Je l'aurais peut-être faite à mon assassin, madame, mais je ne la ferai pas à mon rival.. Mon rival... ce paysan... votre aveu l'a perdu!

LA COMTESSE. Mais vous savez bien, maintenant, que Pierre n'est pas coupable.

LE DUC. Coupable ou non, que m'importe à moi? ce qui m'importe c'est qu'il meure, et il mourra... Simiane!

LA COMTESSE. Prenez garde, monseigneur, je parlerai...

LE DUC. Vous?

LA COMTESSE. Moi!... Je cours dire au grand bailli la vérité sur moi et sur vous; c'est l'infamie pour nos deux noms, monseigneur : l'adultère pour le mien, l'assassinat pour le vôtre. Je la dirai, s'il le faut. Je la dirai au peuple, je la dirai à Dieu... Et s'ils me manquent eux aussi, s'ils vous laissent tuer Pierre pour un meurtre qu'il n'a pas commis et qu'il ne voulait pas commettre... alors, moi, je le vengerai.

SCENE V.
LE DUC, SIMIANE.

LE DUC. Simiane!

SIMIANE. Me voici, monseigneur.

LE DUC. Comprends-tu cela, Simiane? elle aime ce Pierre Tardy!

SIMIANE. La comtesse!

LE DUC. Oui, toujours ces Tardy!...... Tantôt le père, tantôt le fils : voilà qui me fatigue, et j'en veux finir une fois avec cette race... Qu'un escadron de mes gardes se rende à la maison de ville... qu'on s'em-

pare du juge, qu'on s'empare de l'accusé... qu'on me les amène pieds et poings liés, et faites dire au bourreau de se tenir prêt. Qu'est ceci, messieurs? et qui donc ose sans mon ordre?...

(Toute la cour entre en désordre.)

SCENE VI.
LES MÊMES, JEAN, LE JUGE-MAGE, LE PORTIER DE VILLE, PIERRE, enchaîné, GARDES DU DUC, GARDES DU GRAND BAILLI, COUR et FOULE.

JEAN. Moi!

LE DUC. Encore toi!

JEAN. Encore moi, monseigneur. Puisque vous n'osez pas venir à moi, il faut bien que je vienne à vous. Puisque vous oubliez vos sermens, il faut bien que je vous en fasse souvenir. Ah! cela vous étonne, monseigneur, et vous vous attendiez à autre chose de ma part. Vous êtes venu me prendre dans ma chaumière, comme un bouffon à cheveux blancs, pour m'affubler d'une magistrature ridicule, et vous amuser ensuite avec vos complaisans, de mes folies ou de mes maladresses..... Vous vous êtes trompé, monseigneur : au lieu d'un courtisan, vous avez pris un juge; vous cherchiez un esclave, et vous vous êtes heurté à un homme : vous devez vous en apercevoir à présent. Je suis un piége vivant que vous aviez dressé pour vos plaisirs, et dans lequel vous êtes tombé pour votre châtiment. Vous êtes dans mon antre, monseigneur, et vous n'en sortirez pas sans emporter sur vos épaules la griffe de ma justice. (*Le duc fait un mouvement.*) Vous n'échapperez pas à la peine qui vous est réservée. La foule que vous n'avez pas voulu voir sur la place publique, est venue vous voir dans votre palais. La sentence que vous n'avez pas voulu entendre sur le pavé des rues, vous l'entendrez sur votre trône. Donnée de plus haut, la leçon s'entendra de plus loin... Ecoutez-moi! ·

(Il s'avance vers le trône.)

SIMIANE, *s'élançant vers Jean.* Arrête, insolent! et ne pousse pas plus loin l'audace! (*Mettant la main à la garde de son épée.* Malheur au premier qui approche!

LE DUC, *sévèrement à Simiane.* Retirez-vous, monsieur, et ne faites pas de menaces à un homme qui ne craint pas même celles du duc de Savoie.

(Simiane se retire dans les rangs des seigneurs.)

JEAN, *froidement.* Soldats, qu'on éloigne ce cavalier turbulent!

JEAN, *montant les marches du trône* Duc

Emmanuel-Philibert, vous êtes convaincu de meurtre sur la personne du comte François de Montrevel. Ce crime mérite la mort.

(*Mouvement dans la foule. Cris d'horreur.*)

LE DUC, *fièrement.* Silence ! qu'on laisse achever le magistrat.

JEAN. Mais comme Dieu vous a fait inviolable et sacré pour toute autre main que la sienne, ne pouvant vous atteindre dans votre personne, je vais vous frapper dans votre dignité. J'ordonne donc que le bourreau brise sur l'échafaud votre écusson ducal, et en montre à la foule les débris mutilés, en disant : « Ceci est le châtiment d'un meurtrier souverain. »

LE DUC, *descendant de son trône.* Maintenant vous en avez fini avec l'un des deux coupables, monsieur : à l'autre !

JEAN. Faites avancer le prisonnier.

LE PORTIER DE VILLE, *faisant avancer Pierre.* Le voici, messire.

JEAN. Pierre Tardy, vous avez voulu attenter à la vie de votre souverain légitime, notre seigneur le duc de Savoie. C'est un crime de lèse-majesté humaine et divine. Je prononce donc contre vous la sentence de mort. Les deux arrêts seront exécutés à la suite l'un de l'autre. Le beffroi annoncera que l'écusson ducal a été brisé ; une arquebusade fera ensuite justice du second condamné. Monsieur le portier de ville, vous êtes chargé de présider aux deux exécutions. (*Silence de stupeur et d'épouvante.*) Maintenant, monseigneur, que j'ai fait mon devoir de magistrat, je vous demande la grâce de mon fils. (*Il se jette aux genoux du duc.*) Grâce !... grâce !..

LE DUC, *à Pierre.* Avancez ici, condamné. (*Pierre s'approche. Le duc bas.*) Quelqu'un m'a dit que vous n'aviez pas signé volontairement cette promesse de m'assassiner... Déclarez tout haut ce qui vous y a obligé, et je vous fais grâce.

PIERRE, *bas.* Je n'ai rien à dire, monseigneur.

(*Il se retire.*)

LE DUC, *haut.* Messire Tardy, révoquez la sentence que vous avez prononcée contre moi, et je fais grâce à votre fils.

JEAN, *se relevant.* Qu'on exécute les deux sentences.

(*On emmène Pierre; Jean reste seul.*)

LE DUC, *après avoir parlé bas à Simiane.* Va !

(*Simiane sort.*)

<hr>

SCENE VII.

LES MÊMES, *moins* PIERRE *et* SIMIANE.

LE DUC. Vous voyez, messieurs, comment la justice se fait maintenant en Savoie. Le sujet y juge le prince, le père y juge le fils ; les priviléges sont morts ; il n'y a plus qu'une loi pour tout le monde ; que tout le monde obéisse à la loi.

UN HUISSIER. Silence !

UNE VOIX *du dehors.* Ceci est la punition d'un meurtrier souverain.

LE DUC. Un des deux meurtriers est puni, messieurs ; c'est le tour de l'autre.

<hr>

SCENE VIII.

LES MÊMES, LA COMTESSE.

LA COMTESSE, *accourant.* Arrêtez ! arrêtez ! Pierre est innocent !

JEAN. Innocent !

TOUS. Innocent !

LA COMTESSE. Je le prouverai, sauvez-le !... sauvez-le !..

JEAN. Qu'on suspende l'exécution.

(*On entend une décharge d'arquebuses.*)

LE DUC. Justice est faite !

JEAN. Mon Dieu ! mon Dieu ! mon Dieu !

(*Il tombe en sanglotant sur une chaise.*)

LE DUC. Messieurs, le pays va commencer sous un nouveau prince un nouvel avenir. (*Faisant un signe à ses gardes.*) Qu'on exécute mes ordres.

<hr>

SCÈNE IX.

LES MÊMES, PIERRE, *ramené par* SIMIANE.

TOUS. Pierre !

PIERRE. Mon père !

JEAN, *le serrant dans ses bras.* Mon Dieu ! vous ne m'avez pas fait mourir de douleur.. ne me laissez pas mourir de joie.

LE DUC. Messire Jean Tardy, je vous confirme dans votre place ; remplissez-la comme par le passé. Messire Pierre Tardy, je vous fais comte de Faucigny et chevalier de tous mes ordres.

PIERRE, *lui baisant la main.* Ah ! monseigneur, comment vous prouver ma reconnaissance ?

LE DUC. En étant fidèle, monsieur, comme votre père a été juste. Ça, messire Tardy, est-ce bien commencé ?

JEAN, *serrant la main que lui tend le duc.* Très-bien, monseigneur... tâchez de bien finir.

FIN.

IMPRIMERIE DE Vᵉ DONDEY-DUPRY, RUE SAINT-LOUIS, Nᵒ 46, AU MARAIS.